Ana Bilić

Der Besuch
Posjet

Lesebuch als Mini-Roman

in kroatischer Sprache mit Vokabelteil

Sprachniveau: Erstsprache

3. Ausgabe

Impressum

Text © 2018 Ana Bilić, Wien, Österreich

Umschlagsgestaltung © 2018 Danilo Wimmer, Wien, Österreich

2. Ausgabe 2023
3. Ausgabe 2024

www.kroatisch-leicht.com

Herstellung und Druck über tolino media GmbH & Co. KG, Albrechtstr. 14, 80636 München. Printed in Germany. Fragen zu Produktsicherheit an: gpsr@tolino.media.

VORWORT

Der Besuch / Posjet aus der Serie Kroatisch leicht ist ein Lesebuch in Form eines Mini-Romans und ist für Kroatisch Lernende vorgesehen. Das Buch enthält eine Vokabelliste am Buchende.

	Level 0	Leichter Anfang	bis 400 Wörter
	Level 1	Beginner	bis 800 Wörter
	Level 2	Fortgeschrittene	bis 1200 Wörter
	Level 3	Erfahrene	bis 1700 Wörter
	Level 4	Perfektion	bis 2200 Wörter
	Level 5	Perfektion Plus	bis 2800 Wörter
✔	**Level 6**	**Erstsprache**	**bis 3500 Wörter**
	Level 7	Standardliteratur	ohne Vokabelteil

Kroatisch leicht ist eine Buchserie zum Kroatisch lesen und eine wichtige Lektüre zur Erweiterung der Vokabel und zur Festigung der Sprachkenntnisse. Die Bücher als Mini–Romane sind mit Themen, Grammatik und Grundvokabeln in sieben Stufen des Kroatischlernens aufgeteilt: Leichter Anfang, Beginner, Fortgeschrittene, Erfahrene, Perfektion, Perfektion Plus und Erstsprache. Damit der/die Lernende sich zu einer oder anderen Gruppe richtig einteilen kann, dafür dient folgende **Orientierungshilfe**:

Leichter Anfang – Lernende, die sich von der Grammatik her mit dem Präsens auskennen.

Beginner – Lernende, die sich von der Grammatik her mit Präsens aktiv und mit Futur I und Perfekt passiv auskennen.

Fortgeschrittene – Lernende, die von der Grammatik her Präsens, Futur I und Perfekt aktiv verwenden.

Erfahrene – Lernende, die von der Grammatik her Präsens, Futur I und Perfekt aktiv verwenden und sich mit Verbalaspekten passiv auskennen.

Perfektion – Lernende, die von der Grammatik her Präsens, Futur, Perfekt und Verbalaspekte aktiv verwenden.

Perfektion Plus – Lernende, die von der Grammatik her Präsens, Futur, Perfekt und Verbalaspekte aktiv verwenden, sowie Phrasen und umgangssprachliche Ausdrücke passiv kennen.

Erstsprache – Lernende, die von der Grammatik her Präsens, Futur, Perfekt, Verbalaspekte, sowie Phrasen und umgangssprachliche Ausdrücke aktiv verwenden.

Standardliteratur ohne Vokabelteil für die Leser, die im

Kroatischen sehr gut verankert sind.

Mehr Infos über weitere Mini Romane findet man im Internet unter: www.kroatisch–leicht.com

Ein paar Tipps zum leichteren Lesen

1. Subjekt ausgelassen – Verb beachten

In einem Satz soll man immer das Verb und seine Endung beachten, weil das Subjekt oft ausgelassen wird. Das ist sehr wichtig, weil es Wörter gibt, die wie ein Subjekt aussehen, sind es aber nicht. Das ist der Fall bei den Wörtern „mi" und „ti". „Mi" bedeutet neben „wir" auch „mir", und „ti" bedeutet neben „du" auch „dir". Also in einem Satz zuerst das Verb finden und durch seine Endung die Person erkennen:
Mo**žeš** *mi* dati knjigu? – **Kannst** du *mir* das Buch geben/reichen?
Šalj**emo** *ti* pismo. – **Wir** schicken *dir* den Brief.

2. Vokabelliste/Wörterbuch gleich aufschlagen oder doch nicht?

Das ist die Frage, ob man den Text als Information liest oder ob man die darin enthaltenen Vokabel auch lernen will. Falls man den Text als Information lesen will, sollte man nicht gleich nach Hilfe im Wörterbuch suchen: In jedem Satz kennt man sicher einige Wörter und den Rest sollte man aus dem Kontext erkennen. Auch wenn dann der Satz unverständlich bleibt, sollte man noch einen weiteren Satz lesen, damit man aus einem breiteren Kontext den Sinn erkennen kann. Wenn das nicht funktioniert, dann das

Wörterbuch benutzen. Falls man den Text liest, um Vokabel zu lernen, dann sollte man auch neue Wörter nachschlagen, damit man keine falschen Bedeutungen der Wörter lernt.

3. Braucht man eigentlich Eigenschaftswörter?

Um die grobe Handlung zu verstehen, braucht man Eigenschaftswörter erst an der zweiten Stelle. Um den Text richtig zu verstehen und es zu genießen, braucht man Eigenschaftswörter unbedingt.

4. Wörter mit zwei Bedeutungen

Solche Wörter mögen bei dem/der Lesenden Unruhe stiften. Wie zum Biespiel:
„i" – und; auch
I ja želim čitati knjigu. – (*wörtlich*) Auch ich will das Buch lesen.
„trebati" – sollen; brauchen
„vrijeme" – Wetter; Zeit
„se" – sich; man
usw.
Es ist nützlich, sich solche Wörter zu notieren, damit man nicht immer wieder in Verwirrung gerät.

INHALT - SADRŽAJ

POSJET

Služavka je stajala pred vratima blagovaonice i razmišljala da li da uđe unutra ili ne. Milka Trnina je upravo ručala u blagovaonici. A ono što što se njezinoj gospodarici posebno nije sviđalo je bilo to da je netko ometa dok jede. Poslije ručka je Milka voljela još da sjedi za stolom i da čita novine po sat vremena. Tako dugo služavka opet nije htjela čekati.

Zato je ipak ušla u blagovaonicu i nasmiješila se kao tat uhvaćen na djelu. Milka Trnina je zastala u pola pokreta, pogledala ju je i upitala:

- ... Je li sve u redu, Rega?

- Jeste, milostiva.

Milka je dovršila pokret, pogledala u tanjur, a onda opet u služavku:

- ... No?

- Milostiva, meni je jako neugodno što Vas prekidam. Ja znam da nije red da Vas prekidam kad jedete, i moj deda je uvijek govorio „I pas ima mira kad jede", ali ja Vas moram ipak nešto pitati. Ja znam da Vi volite poslije ručka da sjedite i još da ...

- Rega, recite! – prekinula ju je Milka.

- Jedan študent bi htio da ga primite. Horvat je njegovo

ime. Ja Vas nisam htjela smetati, ali čeka pred vratima već pola sata i ne želi otići.

- Študent?

- Da. Rekao je da se preziva Horvat. I da neće otići dok ga ne primite.

Milka Trnina je pogledala svoj tanjur:

- Rega, vidite da jedem.

- Da, znam, milostiva. Strašno mi je žao da Vas prekidam, Vi znate da to nije moj način, ali on je tako glasan na hodniku da je već stara Rogićka izašla i počela se buniti.

- Zašto mu niste rekla da dođe poslije?

- Jesam, ali on neće da dođe kasnije.

- ... Neće?

- Ne, neće. Rekao je da se radi o Vašem ujaku i da je stvar vrlo važna.

Milka je zastala:

- ... O mojem ujaku? ...

- Da.

- Što je s mojim ujakom?

- Nije mi htio reći.

- ... Hm ...

- Da ga otjeram, milostiva? Mogu pozvati hausmajstora, stari Badarić je jaki muškarac, on se ne bi cifrao da ga izbaci k´o vreću krumpira, študent je lak k´o perce. Znate kak je Badarić samo izlupao prošli tjedan ...

Milka je prekinula služavku:

- A kako izgleda taj uporni študent koji želi razgovarati o mojem ujaku?

- Ah, kako već izgleda: izgladnio k´o ulični cucak i k tome još šepa. I da ga ne poznaje osobno, Vašeg ujaka, tako mi je rekao, ali da je jako važno ... Da se mene pita, milostiva, ja ga ne bih primila. Pa tko danas nije izgladnio? Stoljeće nije pravo ni počelo, a što imamo – rat. Već treća ratna godina u Zagrebu. Bog nam je ovdje rekao laku noć. Jesam li Vam ispričala, milostiva, kako je jučer završila podjela graha na Pejačevićevom trgu? Jedan vojnik je zabio bajonetu stražaru u leđa jer je taj dijelio kupone onima koji su kasnije došli. I onda su došli drugi stražari, vojnika s bajonetom su zamalo ubili, bilo je puno krvi po zemlji. A masa se obrušila na vreće graha kao smrt na smrtnika, razderali su vreće i grah se rasuo po krvavoj zemlji. I onda su, jadnički, Bog će im oprostiti, skupljali taj grah s krvavog poda, tukli su se, i jedno dijete je ...

- Rega, šutite! ... Znam kako je u Zagrebu.

- Ja Vas nisam htjela ljutiti, milostiva. Tako je to bilo, nisam znala jeste li čitali o tome, o tome bruji cijeli Zagreb, i moja strina je ...

- Rega ...

- ... Milostiva?

Milka Trnina je ubrusom dotaknula usne i rekla:

- Neka uđe.

- ... Milostiva?

- Kako kažete, rat je, Rega. Ljudima se mora pomoći.

- Milostiva, Vi nikada ne mislite na sebe, samo na druge. Ne možete pomoći cijelom svijetu. Ljudi nisu ljudi u ratu, nego životinje.

- Odnesite usput moj tanjur u kuhinju.

- Hoćete ga primiti ovdje, u blagovaonici?

- Da.

- ... Kako želite.

- Da, Rega. Tako želim.

Rega je došla do stola, stavila tanjur, čašu i komad kruha na pladanj koji je također bio na stolu. Pokazala je glavom na tanjurić s komadom jednostavnog kolača:

- Milostiva neće jesti zlevanku?

- Možete je ostaviti na stolu.

Služavka je kratko kimnula glavom i s pladnjem izašla iz blagovaonice.

Kad je služavka ušla u predsoblje, obratila se oštrim glasom mladiću koji je stajao kraj vrata:

- ... Kaj nisi mogel pričekati do sutra? Sad milostiva nije ni poručala kak človek.

Mladić se nasmijao:

- Na, molim, molim. Ja ću vrlo rado čekati jer se u čekanju čeliči karakter. Ali moja stvar je od izuzetne hitnosti i ne može se odlagati. Ako je milostiva tako ljubazna da me primi, onda i njezin anđeo čuvar u obliku služavke zasigurno ima srce od zlata. Za to ćete biti nagrađeni od samog Boga osobno kad ćete ga pogledati u zadnjem času u njegovo spasonosno lice.

Služavka ga je odmjerila od glave do pete.

- Ah, vi študenti, samo pripovedate kak ... kak političari.

Rega mu je pokazala glavom na vrata i otišla u kuhinju.

Mladić je tiho pokucao, pa kad je čuo „Izvolite!", ušao je u sobu.

Milka Trnina ga je odmjerila: mladić je bio tanak kao prut, sama kost i koža, odjeća mu je bila tako odrpana da je izgledao kao prosjak. Na glavi je nosio studentsku kapu koju je odmah skinuo kad je ušao u prostoriju. Nosio je preko ramena malu kožnu torbu koja je bila isto tako stara i trošna kao da ju je našao na smeću.

Mladić je pogledao Milku Trninu sjajnim očima, a onda je bacio pogled na tanjurić sa zlevankom na stolu. Njegova Adamova jabučica se pokrenula gutajući slinu. Potom je skrenuo pogled na domaćicu i rekao teatralnim glasom:

- Dobar dan, gospođo Trnina ... Ili bolje rečeno, gospođo Ternina, kako Vas je cijeli svijet zvao dok ste stajali na svjetskim opernim pozornicama. Posebna mi je čast da Vas konačno i osobno upoznam. To što ste Vi kao zagrebačka dobročiniteljka u posljednje četiri godine napravili za mlade muzičke umjetnike, za to Vam se mora podići spomenik. Moje ime je Ivan Horvat, študent jusa u trećoj studijskoj godini.

- Drago mi je, gospodine Horvat. Što mogu učiniti za Vas?

- Vaš ujak, gospodin Janko Jurković, mi je naložio da kupim knjigu Dimitrija Demetera za njega. I ja sam ... – student je izvadio staru otrcanu knjigu iz torbe - ... to i napravio. Ali pošto mi se Vaš ujak još nije javio, htio sam Vas pitati, da li biste preuzeli knjigu za njega.

- Kakvu knjigu? ... Molim Vas, sjednite se.

Mladić je poslušno sjeo:

- To je drama s nazivom „Teuta" od Dimitrija Demetera.

- ... Ali knjiga nije nova.

- Radi se o antikvarijatskom izdanju, posebno rijetkom koje se više ne može kupiti. Vrijedi cijelo bogatstvo.

- ... Od Dimitrija Demetera?

- Da, od njega. Vi možda ne znate tako puno o njemu kao mi, u Hrvatskoj, Vi ste cijelo vrijeme putovali po svijetu i pjevali i plesali ljudima koji znaju što je to prava umjetnost i dobra glazba. Zato sam Vam slobodan reći da je Dimitrij Demeter poznata i vrlo cijenjena pojava. Njegovo ime je zapravo Dimitrija – ženski oblik za muško ime. Da, to je tako među literatima, nikad se ne zna s kime imate posla. Porijeklom Grk, taj Dimitrij ili Dimitrija, u svakom slučaju njegova familija je grčkog porijekla. Jedan prijatelj mi je rekao da je on pisao svoje prve literarne radove na grčkom jeziku, onda na njemačkom a tek kasnije na hrvatskom jeziku – izuzetna osoba na literarnom nebu naše male zemlje koja sada doživljava katarzu. Inače je bio po zvanju doktor medicine, ali više ga je privlačila literatura, kazalište i muzika nego njegovi pacijenti. Drugim riječima više je volio duhovne pacijente nego tjelesne pacijente, ako mi dozvolite tako drsku poredbu.

Milka Trnina je pogledala mladića i nasmiješila se:

- On je preradio libreto za operu „Ljubav i zloba" od Vatroslava Lisinskog i originalno libreto za operu „Porin"... Zar ne?

Student je iznenađeno pogledao Milku Trninu. Nasmijao se kratko i podigao prst:

- Vi mene vučete za nos, gospođo Ternina. Je li tako? ... Vi znate puno više nego što kažete. A ja, budala, još Vam idem objašnjavati tko je Dimitrij Demeter. Kako glupo od mene.

Milka Trnina ga je pogledala:

- Drago mi je da ste zainteresirani za umjetnost.

Milka Trnina je ponovo uzela knjigu u ruku, kratko prolistala, a onda pogledala mladog muškarca:

- I tu knjigu ste kupili za mojeg ujaka?

- Da, tako je. Pa ako biste bili tako ljubazni, kao što sam rekao, Vaš ujak je ...

Milka ga je prekinula:

- Recite mi, gospodine Horvat: kada ste upoznali mojeg ujaka?

Mladić je kratko zastao:

- Ah, naravno. Vi se sigurno pitate je li to istina. Bože, svakako, danas ljudi lažu čim zinu, takvo je vrijeme, a ja sam se pojavio kod Vas iz vedra neba i tvrdim da imam knjigu za vašeg ujaka. Svatko može doći kod Vas i tvrditi da ima neku knjigu za Vašeg ujaka. Nije li tako?

- Tako je, gospodine Horvat.

- Bilo je to prije dvije godine u Osijeku. On je bio kod moje sestrične, gospođice Ugrišćak u posjetu. Ona je, znate, držala salon literature petkom u svojem stanu. Više ne, razumijete, rat, nestašica, depresija. Ona je starija od mene tri godine, jako senzibilna osoba, obrazovana i bogata - za razliku od moje familije koja je uvijek htjela da se djeca dobro školuju i da imaju puno novaca, ali moja sestrična se niti dobro školovala niti ima novaca. Tako da sam im ja ostao jedina nada, student jusa. I sve bi išlo na bolje da nije došao ovaj rat. Tako da meni ne ostaje drugo nego da pričekam da ovaj rat prođe i da mogu konačno doći do moje titule jurista. No, da ne dužim – moja sestrična je, dakle, priredila za to veče opet jednu finu večericu, pozvala goste kao svakog prvog petka u mjesecu i tu je došao Vaš gospodin ujak. On nije naravno meni direktno dao nalog da kupim knjigu, nego je to došlo preko jedne druge osobe.

To je student zastao.

- Koje druge osobe? – upitala je Milka.

- Hm, kako da to kažem ... – zbunjeno je započeo mladić.

- Slobodno recite.

- Da, naravno, Vi niste samo svjetska žena, diva, dama, nego i zrela žena s ogromnim životnim iskustvom. S 37 godina Vi ste izuzetna osoba.

Milka ga je pogledala:

- Ja nemam 37 godina, gospodine Horvate.

- Nemate? ... Nemoguće!

- Ja imam 54 godine.

- Ozbiljno? ... Nitko Vam ne bi dao 54 godine! U svakom slučaju, ja ne.

Milka je podigla obrvu i rekla bez emocija:

- Kako znate dobro laskati.

- ... Laskati? ... No, dobro, ako tako želite. Ja govorim istinu, ne dajem Vam komplimente, ali kako Vi želite ... I zato Vas sigurno neće uvrijediti ako Vam kažem ... neće Vas uvrijediti, zar ne?

- Uvrijediti, gospodine Horvat?

- Vaš ujak je te večeri upoznao moju tetu Sidoniju, majku te moje sestrične. Ona je udovica, ali mlada udovica, zgodna, elokventna, i onda je Vaš ujak i moja teta – oni su sklopili prijateljstvo. Vrlo nježno prijateljstvo. I tako ...

Mladić je gledao Milku.

- Hoćete reći da su oni imali ljubavnu vezu, mladiću?

- ... Znate, to nije bilo jako ozbiljno, oni su zajedno proveli samo taj vikend, tako mi je naime ispričala moja sestrična. Njezina majka nije imala nikakvih ambicija što se tiče njihovog prijateljstva. No Vaš ujak je obavezno htio pokloniti mojoj teti uspomenu na njihov vikend i tako je zamolio mene, koji sam u taj ponedjeljak išao za Zagreb, da u Zagrebu kupim neku vrlo lijepu i skupu knjigu. I ja sam kupio knjigu, ovu knjigu, ali kad sam se vratio u Osijek, Vaš ujak je već otputovao i nije ostavio nikakvu poruku ... Knjiga je ovdje i ja sam imao trošak, htio sam naravno kupiti baš posebno lijepu i baš posebno skupu knjigu.

Milka je gledala mladića kratko, a onda je prasnula u smijeh. Smijala se tako slatko i glasno da ju je mladić gledao kao da je upravo sišla s uma.

- ... Gospođo Trnina? ...

Milka je ustala još uvijek se smijući, otvorila vrata prema hodniku i viknula:

- Rega! ...

Glava služavke se pojavila iz kuhinje.

- ... Milostiva?

- Rega, donesite našem gostu tanjur gulaša ... I čašu vina.

- Da?

- Da, Rega.

- Kako želite, milostiva.

Milka je zatvorila vrata i još uvijek nasmijana sjela je za stol.

Mladić se sretno nasmiješio:

- To je vrlo ljubazno od Vas.

Milka se uozbiljila:

- Znate gospodine Horvat, moj ujak je umro 1889. godine ... Prije 28 godina.

Student je gledao netremice u domaćicu. Skoro da nije disao.

Milka se opet nasmijala:

- Vi zaista imate talent za pričanje. Vrlo uvjerljiv ... Moj ujak Janko Jurković je bio poznati pisac i njegov život je ušao u anale hrvatske literature. I k tome je on bio jurist, kao Vi ... No da, to je bilo prije 28 godina, a prije 28 godina Vi ste bili ... koliko stari?

- ... Ja sam mislio da ... – mladićev glas je postao tih.

- Tko Vas je nagovorio da me posjetite?

Mladić je spustio glavu.

Onda je rekao tiho:

- ... Oni u „Matejni".

- U „Matejni"? ... Što je „Matejna"?

- To je lokal u blizini, par kuća dalje, na uglu Pivarske i Basaričekove ulice.

- Ah, to je taj lokal ... „Matejna" se zove?

Mladiću se pojavio sjaj života u očima:

- Da, zove se „Matejna" po vlasniku Miji Matejni. Dolaze boemi i ostali koje vole boeme. I ovakvi kao ja – od kojih boemi prave norca. Nije za preporučiti da idete tamo, milostiva.

Milka je rekla:

- Na broju dva i četiri ima plesna dvorana i išla sam davno par put tamo s prijateljima pa sam vidjela da je u susjednoj kući bilo svjetlo i graja još ujutro kad smo išli kući. Vidjela sam da muškarci od tamo izlaze prilično veseli.

- Da, dolaze tamo da piju i da varaju mlade ljude ... Mislim, ponekad je zgodno, igra se šnapsl, politizira se ponekad pristojno i bez vike, čuje se i poezija, da, dolaze literati. Ali više nije ono što je bila – bar tako kažu stari.

- To je stari lokal?

- Da, vrlo stari lokal. Baš mi je jučer stari Štef ispričao cijelu njezinu štoriju, i naravno dok ju je pričao odmah su se i drugi ubacili u pričanje. Štef je rekao da je „Matejna" osnovana prije 100 godina, ali Gjuro Szabo ga je odmah ispravio i rekao da je otvorena već sredinom 17. stoljeća.

- Gjuro Szabo?

- Da, povjesničar, inače moj bivši profesor u gimnaziji. Jako načitan i fin gospodin i njemu je više za vjerovati nego starom Štefu. Gjuro Szabo se onda malo ispravio i rekao da je sigurno da je prije 100 godina gostionicu preuzeo Martin

Kovač, ali da je ona postojala i prije. Kad je Martin Kovač umro, mislim da je to bilo 1879., da, tako je Szabo rekao, onda je gostionicu preuzeo njegov zet, Mijo Matejna. Mijo je malo uredio kuhinju, kaže Štef, smanjio cijene, uredio klozete, pa su počeli dolaziti i okolni činovnici na bogate gablece, a navečer obrazovani ljudi. Ne previše obrazovani, naravno. Tko je visoko obrazovan i iz bogate je familije, taj ide u kavane u centru ili u fine gostionice tu na Gornjem gradu, a ne u takav tingl-tangl kao što je Matejna.

- Zašto zalazite u tu gostionicu, gospodine Horvat?

- Kad sam ja počeo tamo zalaziti, - a to je bilo prije ovog prokletog rata -, dolazili su tamo i ljudi od kojih sam imao čuti šta pametnog. Bio sam gladan dobrog društva i kad bi došao na primjer August Harambašić, odmah sam se sjeo blizu njega jer je on uvijek nešto pametno pričao.

- August Harambašić?

- Da, poznati odvjetnik i pisac. Ali dolazio je u „Matejnu" jer mu to nije bilo ispod nivoa. Izuzetna pojava. Taj je, zamislite, znao sedam stranih jezika! Prevodio je poznate pisce kao Gogolja, Tolstoja, Wildea, Shakespearea, uređivao razne časopise. Bilo je milina slušati ga kad priča. I kraj njega nije nitko bio ni gladan ni žedan, rado je špendirao gemište ... Kaže stari Štef da je prije bilo drugačije nego sada, prije je važilo „reda mora biti": prvo se ide jesti „Pod stare krovove" debele kranjske sa senfom ili fine češnjovke s kiselim zeljem. Ako nisi bio jako gladan, tu su bili čvarci i mladi dimljeni sir. Pa se onda ide to fino zaliti u „Matejnu". Ali toga više danas nema. Nitko nikome ništa ne plaća. I samo se rugaju drugom. Sve sami prevaranti.

Milka je majčinski pogledala mladića:

- U životu ima puno gorih stvari nego biti prevaren od boema.

- Ima? – razočarano je uzvratio mladić.

- Kako ne ... Recite mi, odakle imate tu knjigu?

- ... Jedan prijatelj mi ju je poklonio prije nego je mobiliziran.

- Jeste Vi uopće študent?

Mladić je podigao glavu:

- Da, jesam .

- ... Samo?

- ... Študiram već treću godinu, ali sam još uvijek u prvoj godini. Zakoni se stalno mijenjaju pa tako i moji ispiti. Razumijete?

- Da, naravno. – kimnula je Milka.

Rega je ušla u sobu s poslužavnikom. Servirala je gulaš, dva velika komada crnog kruha i čašu bijelog vina. Mladić je gledao u tanjur kao očaran.

- No, poslužite se, gospodine Horvat.

I prije no što je Milka to rekla do kraja, student je već počeo jesti. Jeo je brzo i bez zvuka kao bezglasna šivaća mašina.

Milka ga je brižno promatrala:

- Jedite polako, inače ćete se zagrcnuti.

Služavka je stajala kraj mladića i promatrala ga s neodobravanjem. Kad je primijetila da je njezina gospodarica promatra, promijenila je naglo izraz lica u prijazni, izvadila iz džepa pisamce i pružila Milki:

- Upravo je došlo, milostiva.

Milka je uzela pisamce, otvorila ga, pročitala i onda se obratila studentu koji je jeo:

- Morat ćete me izvinuti na trenutak.

Mladić je tako naglo ustao kao da je čekao na to rečenicu:

- Bitte, Frau Trnina! – rekao je na njemačkom.

- Schön, dass Sie auch Deutsch können.

- ... Molim?

- Znate njemački?

- Ah, samo par rečenica. Inače tvrdim da znam, ali samo kimam glavom kad mi se dalje priča.

Milka se nasmijala i izašla iz sobe.

Kad su mladić i služavka ostali sami, služavka je htjela staviti tanjurić sa zlevankom na poslužavnik. Ali mladić je pratio njezin pokret kao zmija.

- Ah, što ćete napraviti s tako lijepim komadom zlevanke? – rekao je slatko.

Rega je pogledala već poluosušeni komad kolača:

- ... Buš ga ti pojel?

- Ako nitko nema ništa protiv, ja bih se rado ponudio za taj zadatak.

Rega je spustila tanjur pred njega, a na njegovom licu se pojavio novi sretni osmijeh.

- Onda zemi ... To ja furt nosim mojoj susedi, mojoj Slavi, uvek kad kaj ostane, ali danas ni domov.

- U tom slučaju – ja ću jesti i misliti na nju. Možete me preporučiti kod nje. Horvat, študent jusa i buduća dika naše drage zemljice.

- Nije mojoj Slavi ni do čega, a ponajmanje do kakvog študenta. Udovica je s troje dece, njen Lojzek je poginuo na fronti prije dva mjeseca.

- To je tužno, draga Rega ... No, recite mi, molim Vas, ima li milostiva Trnina kakvu pratnju?

- ... Pratnju? Kakvu pratnju?

Mladić je progutao zalogaj, a onda pogledao služavku:

- Mušku pratnju.

- ... Ne razmem.

- Je li milostiva Trnina ... No, da ti ja, draga Rega, objasnim po naški: „Je li ona ima kakvoga muškoga kaj joj dolazi u hižu?"

Rega je ljutito pogledala mladića i automatski promijenila način govora:

- Kako se usuđuješ? Ha? Pitati takve stvari?

- Pa, bože moj, i ona je človek, i k tome još ženska, a svaka ženska ima potrebe, kak svaki muži imaju potrebe. Tak je Bog rekel, tak je na nama da ga štujemo.

Rega je cinično uzvratila:

- Da se ne bi možda ponudil i za taj zadatak?

Mladić je mirno promatrao Regu, a onda rekao:

- Ja ne. Nije moj tip žene. Ali imam dobrog prijatelja, taj je lep kak slikica, melem za oči svake frajlice, mlad, zdrav, velik i ...

Rega je prekinula mladića:

- Ako je tak mlad i zdrav, zakaj nije onda na fronti?

- Nije baš normalan, ne voli da nosi odjeću, svako malo se skine pa hoda gol po Tkalčićovoj. Pa bude graja među lakim frajlama kak da je došel cirkus, odma zovu pandure, kak da nikad nisu videle golog muža. Fine frajlice u Tkalčićevoj. Onda ga odvedu u Vrapče, on se malo smiri pa ga puste. Ali nije opasan. Jedino malo ćaknut.

Rega je gledala mladića bez riječi, a onda se počela smijati.

Mladić se također počeo smijati:

- Zar to nije bila dobra šala? Ha, Regica? ... Hahahahaha ... Samo su još luđaci od muškaraca to kaj prava puca danas može dobit ... Hahahahaha ...

Rega ga je gledala kao dijete koje je upravo napravilo neku glupu psinu i smijala se i dalje.

U tom trenutku je ušla Milka Trnina u sobu.

- Čemu se smijete? – upitala je Milka.

- Ah, ništa posebno, milostiva. – rekla je Rega i izašla iz sobe.

- Samo malo ćaskamo o našoj kulturi. – rekao je mladić.

Student se opet latio gulaša i grabio ga je u starom ritmu.

Milka je sjela za stol i kratko promatrala studenta. Mladić je rekao između dva zalogaja:

- Oprostite mi, milostiva, ali već dugo nisam jeo tako

finu hranu. Nadam se da će rat brzo proći. Tako nešto ukusno treba svaki božji čovjek na Zemlji dobiti bar jednom u životu.

- Rega zna dobro spremati domaću hranu. A ona mi je najmilija.

Mladić je otpio dobar gutljaj vina, njegovi obrazi su dobili ljudsku boju i njegove oči su sada bile opuštene i zadovoljne:

- ... Recite mi, gospođo Trnina ... Smijem Vas nešto pitati? ... Vi ćete mi oprostiti moje pitanje, nadam se ... Zašto ste se vratili nazad u Zagreb, i to knap pred rat? Vi ste ipak bili grande dame minhenske Dvorske opere i podučavali ste i pjevanje u Americi kako sam čuo. Što ste to tamo napravili da ste morali pobjeći u Zagreb?

Milka je pogledala mladog muškarca:

- Pobjeći? ... Tako se govori o meni u „Matejni"?

- Ah, ne. Pričaju se samo pozitivne stvari, da hoćete pomoći mladim ljudima. Da, samo plemenite stvari, da, da ... Ovu glasinu sam ja naime čuo od moje stanodavke – ona je služavka kod familije Patačić već 24 godine. I voli da ogovara kad joj dam par komplimenata.

- Ah, tako ...

- Ali ne trebate se brinuti – nastavio je student brbljavo – veći dio društva se divi vašoj počasnoj i besplatnoj profesuri na Muzičkoj akademiji. A vaš dobrotvorni angažman izaziva posebnu zavist kod naših nobl sugrađana. Pri tome se čovjek pita – što je opet i razumljivo – zašto ste zapravo prekinuli poznanstvo s vašim obožavateljem iz švicarskog klana Suchard? Moja stanodavka mi je rekla da se ona fina švapska čokolada „Milka“ zove baš prema Vama. Je li to istina?

Milka je gledala studenta bez riječi, a onda se nasmijala bez odgovora.

Mladić je nastavio dalje:

- Ili na primjer Thomas Mann. Zašto ste prekinuli prijateljstvo s njim? To je po mojem mišljenju bilo jako glupo ... A da ne govorim poznanstvo s dirigentom kao što je Toscanini, ili kompozitorom kao što je Puccini. Svi su Vas obožavali, a Vi niste uopće izvukli nikakvu korist od toga ... A navodno ste bili sprijateljeni i s ruskim carom Nikolajem. Što ste to napravili da ste se morali vratiti u Zagreb?

Milka je uzvratila:

- Vi nemate dlake na jeziku, gospodine Horvat.

- Može biti, ali i Vaš talent za pričanje nije za neke ljude ugodan.

- ... Kako to mislite? – upitala je Milka zbunjeno.

- Naša hrvatska „šikerija“ nije zaboravila vaš bezobrazni odgovor gospođi ... kako se ono zvala? ... No svejedno, ljudi nisu zaboravili onu vašu epizodu s kravom.

- ... S kravom?

- Da, gospođo Trnina, s kravom.

Milka je pogledala mladića:

- Ali to je bilo prije skoro 15 godina.

- ... Hahahahahaha ... Ali moja stanodavka to još uvijek rado priča, kaže, o tome se još uvijek priča, ta epizoda se još uvijek povezuje s Vašim imenom ... Ta fina gospođa je htjela da pjevate za njene goste, a kad ste Vi zahtijevali da uplati masni honorar u dobrotvorne svrhe, onda je ona rekla: „Ali za taj novac mogu kupiti kravu!“ – na što ste joj Vi odgovorili: „Onda kupite kravu pa nek Vam onda ona pjeva.“ Hahahahaha ... Jako originalno ... Odlično ... Hahahahahaha ...

Student se opet latio gulaša i dalje se smijući.

Zakratko je opet upitao:

- Zašto?

- ... Pardon?

- Zašto ste se vratili u Zagreb, gospođo Trnina?

Milka ga je pogledala sa sjetom:

- ... Tja, sve ima svoj kraj.

Mladić je napravio kratku stanku, a onda rekao:

- Znate što, milostiva? Tu imate potpuno pravo. I ja kažem: u srcu svake stvari leži njegova propast. Ništa nije vječno. Sve se mijenja jer je sve osuđeno na propast. Mi smo upravo o tome razgovarali u „Matejni“. O ratu i o tome kako će to sve izaći za Hrvatsku na kraju. Ta radnička revolucija u Rusiji gdje Vaš car ...

Milka ga je prekinula:

- ... MOJ car?

- Niste više s njim u kontaktu?

Milka je promijenila izraz lica:

- Jeste Vi policijski doušnik, mladiću?

Student je spremno odgovorio:

- Nisam više, ja sam preiskren za takve stvari, prije ili poslije sve izbrbljam. I uz to je naknada za takve usluge prava mizerija ...

On je otpio gutljaj vina:

- Ja sam u „Matejni“ rekao da će monarhija zasigurno propasti i da će Hrvatska postati nezavisna država. Jer kako sam rekao – u srcu svake stvari leži njegova propast, ali propast je ujedno i početak nečeg novog ... Ah, gospođo Trnina, to ste trebali vidjeti, tu diskusiju! Čak se i vlasnik, stari Mijo Matejna javio za riječ - on koji inače za ništa nema mišljenje, za to je imao mišljenje. Nikakva država! Mi smo premali za državu, o nama je odlučivao uvijek drugi narod i tako će i sada biti! Hrvatska može preživjeti samo u uniji s drugom zemljom. Ili neka loker unija pod krunom ili – to je bilo drugo mišljenje u bircuzu – napraviti uniju sa Srbijom, Bosnom ili Slovenijom. Ali onda, kao da je vrag ušao u neke od njih: „Srbija je počela ovaj rat! Mi ne želimo ništa imati s njima! ...“ Došlo bi i do tučnjave da stari Matejna nije rekao da će sutra pobjedniku „kočijaškog turnira“ špendirati rundu šnapsa, ali ako sada bude tuče, ne bu niš od toga. Pametna odluka starog. Već mu je dosta tučnjave u njegovom lokalu, nitko mu poslije ne želi platiti štetu.

- ... Šta je to „kočijaški turnir“?

- To je kartaški turnir. Kartaška igra koju rado igraju kočijaši i onda je zaliju rakijom. Pobjednik mora platiti rundu svima. I to Vam je onda, takva igra, kao nož s dvije oštrice: svako hoće pobijediti, ali nitko neće platiti. Ambicija je nezgodna stvar, milostiva. Mijo Matejna je igru udomaćio u svom lokalu ... Da, čovjek se mora malo opustiti, ako razumijete što želim reći.

- Razumijem.

Milka je ponovo uzela knjigu i prolistala je. Student je rekao:

- Lijepa knjiga, zar ne? Bilo bi šteta da je sad bacim. Sigurno bi dobro stajala u vašoj biblioteci, bez obzira na ovaj neugodan povod. Možete je od mene vrlo povoljno otkupiti, kao što sam rekao, ona je izuzetan raritet.

- Ovdje stoji da je ovo drugi dio. Prvi dio nemate?

- Prvi dio nije tako dragocjen kao drugi dio. Ovaj drugi dio je hrvatska cenzura zabranila i morala se tiskati u Beču.

- Zašto je zabranila?

- Demeter kaže u knjizi da su svi Slaveni potomci Ilira i da se zbog toga trebaju politički ujediniti. Inače će biti raskomadani od stranih sila i dalje potlačeni.

- To danas nije nova ideja.

- Sada više nije, ali onda, 1844. je ta ideja bila prilično revolucionarna. Knjiga je tiskana kod Mehitarista, pošto je ovdje bila zabranjena. Djelo ima historijsku vrijednost.

- Mehitaristi? ... Tko su Mehitaristi?

- To je armenijska crkva u Beču koja ima tiskaru.

- ... Hm, interesantno. Nisam znala za njih iako sam studirala u Beču ... I Beč je to dopustio? Izdanje takve knjige?

- Očigledno.

Milka se rekla:

- Hm ... U srcu monarhije gdje je sve podređeno dvoru, tiskaju se knjige koje govore narodu da se trebaju politički odrediti protiv dvora? ... Imate stvarno pravo, gospodine Horvat: u srcu svake stvari leži njezina promjena.

- Hvala, to vrlo cijenim. Možete mi knjigu platiti i u kuponima, nema problema.

- ... Ali ako je ovaj rat, koji leži u srcu Evrope propast, zašto onda ta propast mora biti tako uništavajuća, zašto mora umrijeti tako puno ljudi?

- No da, milostiva, ja sam siguran da mase ne odlučuju o propasti. Masa se brine samo o svom trbuhu. I dok se ona brine o tome, šapće joj se u uši kako će drugi narod uništiti njegov trbuščić. I masa vjeruje tom glasu ... Kao što znate, gospođo Trnina, čovjek ne dolazi nikad k sebi sam od sebe i ne prestaje s ubijanjem nikada sam od sebe iako upravo on i nitko drugi ne ubija ljude oko sebe. On prestaje s tim tek onda kad političari kažu da je rat prošao, a ne onda kad je čovjek sit smrti. Čovjek je u masi kao ovca. On ne razmišlja, on slijedi svog predvodnika bez obzira šta on kaže.

- Vi vjerujete da čovjek nije u stanju da preuzme odgovornost za sebe?

Student se cinično nasmijao:

- To bi bilo lijepo, ali za to nažalost ima premalo dokaza u ljudskoj historiji ... Ali molim lijepo – iz Vaših usta u Božje uši, milostiva. On će poruku sigurno proslijediti dalje ljudima.

- Ja bih rado – u uši svakog bližnjeg, gospodine Horvat.

- A ja – u uši političara ... Ali do tada – šta da radimo?

- Mi trebamo – kad god je moguće – pomoći jedan drugom.

- I kako, recite mi, molim Vas? Mislim – kako se to može ostvariti? Ljudi nisu bolji od životinja. Zašto bih im ja trebao pomoći kad će mi iščupati ruku ako im ponudim samo komadić kruha?

- Trebamo promatrati ljude kao pojedince, ne kao masu.

Muškarac ju je pogledao:

- Ne razumijem.

- Još nikada nije bilo takvog rata, s takvim žrtvama. I sve dok čovjek oko sebe vidi samo masu a ne pojedince, bit će takvih ratova. Jer masa nema ljudskih osobina, kako ste rekli – s masom se kalkulira kao s brojkom i masa se može manipulirati sve dok pojedinci u toj masi gledaju na druge pojedince kao masu. S time računaju političari.

- Pa Vi ste pesimist, gospođo Trnina! Ja sam već mislio da mi želite dati kršćansku poduku, ali Vi ste zapravo samo pesimistični: Vi ste mišljenja da tako grozan rat nije zadnji od te vrste .

- Ne, nažalost nije, jer su oružja sve smrtonosnija ... Ali to ne znači da se mi s time moramo pomiriti.

- Vrlo hrabro je to što kažete ... Ako, dakle, želim promijeniti povijest i ljudsku prirodu, onda trebam pomoći ljudima i završiti tako kao što ste Vi završili?

Milka ga je začuđeno pogledala:

- ... Kao što sam ja završila?

- Jesti tako sama, bez familije, bez djece, samo sa služavkom u kući.

Milka ga je promatrala kratko i bez emocija. Onda se nasmiješila:

- Ovako ćemo, gospodine Horvat: ja ću Vam otkupiti knjigu, ali prije ćete nešto učiniti.

- Trebate možda mušku pratnju za izlaske? – spremno je upitao mladić.

Milka ga je opet iznenađeno pogledala:

- Vrlo uslužno od Vas, ali zasada ne trebam pratnju.

- Ne mislim ja na sebe, imam ja jednog feš muža, jednog mojeg prijatelja. Ima fine manire, sigurno Vas neće osramotiti u društvu.

- Ne, hvala na ponudi. Mene interesira nešto drugo.

- Što to?

- Recite mi, gdje su Vaši roditelji? Jesu živi? Pretpostavljam da ona priča o vašoj sestrični u Osijeku nije istinita.

Mladić se nasmijao:

- Vama se ništa ne može sakriti.

- Vaš govor je njegovan, akcent nije slavonski.

- Imate dobar sluh, gospođo Trnina. Što nije čudo, Vaš sluh je to što Vas čini tako velikom.

- Odakle ste, gospodine Horvat?

- Na, kaj da Vam velim?

- Iz Zagorja?

- Moja mamica je bila iz Gornje Bistre, ali je mrla na mom porodu, Bog da joj dušu prosti. Pa su me tete odgajale. Teta Slava i teta Mila. Nisu se udale jer je deda bio jako siromašan, a one ne baš preveć lepe.

- A otac?

- Eh, ta priča oko mojeg oca ... hm ...

- Vi ste vanbračno dijete?

Mladić je pogledao Milku s tugom u očima:

- Kao što sam rekao – Vama se ne da ništa sakriti.

- Ne želim Vas inkomodirati, gospodine Horvat. Ako ne želite, nećemo razgovarati o tome.

- Ne, ne, sve je u redu, nije to nikakva velika rana. – rekao je mladić. – Moj otac je bio rod familiji Oršić. Bio je bogati trgovac koji je dolazio često u dvorac u Gornju Bistru. Pa je onda vidio moju mamu kako nosi ručak mome dedi na kosidbu i ... Šta da Vam više kažem? Neću reći da je bila ljubav na prvi pogled, ali zasigurno strast na prvi pogled. Nakon njihovog sastanka ja sam bio u maminoj utrobi. Moj otac je otišao svojim putem, imao je ženu i dvoje djece, to sam poslije saznao, i pojavio se ponovo tek kad sam ja imao nekoliko godina. Raspitao se kod našeg župnika gdje se nalazi Dragica, moja mama, a kad je župnik rekao da je umrla, onda se s njime dogovorio da me financijski pomaže. Ja to nisam tada naravno znao - da je moj otac kasnije, poslije pučke škole, za mene platio gimnaziju u Zagrebu. Ja sam mislio da je to sve organizirao župnik koji se inače dosta brinuo o darovitoj djeci. I poslije sam saznao od mojih teta tko je moj otac, da nisam bastard i da moja mamica nije bila kurva, nego da je taj Ivan moj otac. I htio sam ga vidjeti, znate kako je to između djece i roditelja, to je ozbiljna veza koja se ne može obrisati krpom kao da je nema. Ali onda mi je župnik rekao da je moj otac već umro. To je bila laž, ali ja sam tada imao petnaest godina i u tim godinama čovjek vjeruje sve šta mu se kaže. Poslije sam razmišljao: ako je on umro, kako to da i dalje dobivam novac za stan i za moje školovanje? Sigurno mi to nije oporučno ostavio, kraj svoje bračne djece. Tako da mi je župnik naknadno priznao da je moj otac živ, ali da ne želi nikakav kontakt sa mnom.

- Žao mi je, gospodine Horvat.

Mladić je odmahnu rukom:

- Ah, nije važno.

- Je li vaš otac još živ?

- Hm ... Mislim da jeste.

- Gdje živi?

- U Varaždinu, kako sam zadnje čuo.

- Što biste mu rekli kad biste ga sada vidjeli?

Mladić je pogledao Milku sa čežnjom:

- Ne bih mu ništa rekao.

- Ne?

- Ne. Samo bih ga htio vidjeti. Htio bih vidjeti kako izgleda moj otac. Ja ga još nikad nisam vidio. Da. Htio bih ga vidjeti i htio bih ga čuti kako priča. Kakav ima glas.

- A njegova djeca?

- Šta je s njima?

- Da li biste htjeli biti u kontaktu s njima?

- Ne, ne bih. Oni su odrasli kao bogata djeca, ja ne znam šta bi s njima razgovarao. Ja sam seosko dijete, obični odrpanac. Možda sam pametan i nešto malo načitan, ali to je sve.

- U Varaždinu su, rekli ste?

- Da. Da li poznajete Varaždin?

- Da, poznajem, tamo živi jedna moja rođakinja.

Mladić je gledao Milku s nadom.

- Onda poznajete i ljude u Varaždinu. – rekao je mladić.

- Neke poznajem.

- Onda biste mogli ... Ah, šta ja pričam, ništa ne biste mogli. Ja ne znam šta mi je sada odjednom, pričam kao da je to bog zna što. Bilo pa prošlo.

Nastala je pauza. Tišina u sobi je bila sada tako prisutna kao da ju je neko pozvao i ona se raširila po sobi kao nevidljiva magla.

Mladić je spustio glavu i gledao tupo u stol.

Milka je gledala mladića i razmišljala. Nije htjela ponuditi mladiću uslugu da potraži njegovog oca – tema je bila prebolna i puna mogućih razočarenja. Možda njegov otac i nije živ, a to bi bilo onda još bolnije.

- Tko Vas financira ove zadnje dvije godine, gospodine Horvat?

- Da, dobro pitanje. Nitko.

- Nitko?

- Da, moj tatek je izgleda zaboravio na mene ... Ali nije čudo, rat je, trgovci u ratu ili gube ili zarađuju. A ako mi ne šalje više novaca, onda sigurno više ne zarađuje dobro.

- Jeste pitali o tome svog župnika?

- Htio sam, ali stari župnik je umro prije tri godine. Poslije njegove smrti je prestala dolaziti naknada za moj studij. Tako da nema više nikoga koga bih mogao pitati.

Milka je kimnula glavom.

Opet je nastala tišina.

Mladić je digao pogled:

- A kako je bilo kod Vas, gospođo?

Milka je pogledala mladića:

- Kod mene?

- Da.

- Mislite na mog oca?

- Da. Vi morate da ste imali sretno djetinjstvo i dobrog oca. – rekao je mladić blago.

- Zašto to kažete?

- Zato jer ste postali tako izuzetna osoba. Bez brižnih roditelja, nitko nije sretna osoba.

- Nije to uvijek tako, gospodine Horvat. Ima nesretnih ljudi sa sretnim djetinjstvom. I obrnuto: ima sretnih ljudi sa nesretnim djetinjstvom.

- Hm ... Može biti, ali tko ima dobar početak u životu, sigurno mu je poslije lakše.

- Možda, ali sreća je ponekad važnija od djetinjstva, od roditelja, od novaca i dobrih poznanstva.

- ... Ne bih Vam to mogao reći, ja nisam imao tu sreću.

- Niste? ... Zar ne sjedite ovdje kod mene i zar ne kujemo Vašu budućnost?

- ... Kujemo moju budućnost? – ponovio je mladić zbunjeno.

Milka se nasmijala:

- Da niste nasjeli umjetnicima u „Matejni" i došli ovdje, tko zna gdje biste sada bili.

- Hm ... Tu imate prvo – sigurno ne bi jeo tako fini gulaš, pio tako dobro vino i pričao s tako finom milostivom.

- Zar niste imali sreću?

- ... Sreću? Vi to zovete sreća? Moju naivnost?

Milka se nasmijala:

- Naivnost nije tako loša stvar. Tko je naivan, ima dušu

djeteta.

- ... Hm ... Tja ... Ne znam što da kažem na to. Je li to kompliment?

- To je činjenica.

- U svakom slučaju, to mi još nitko nije rekao. Puno Vam lepo hvala.

- Nitko Vam nije rekao da Vi imate dobrih osobina?

- A tko bi mi to rekao? ... Mamica je umrla, tatek me nije htio gledati, a tetice – ah, tetice ... Nisu one imale puno vremena za mene. Znate kako je na selu – mora se delati. Osim toga ja sam već kao mali imao oštri jezik, a to nitko ne voli ... Jeste i Vi uvijek bili tako iskreni kao danas?

Milka se nasmijala:

- Ne, nisam, upravo suprotno. Bila sam jako povučeno i mirno dijete. Ali moj životni put se promijenio kad je moj otac umro. Ja sam bila još dijete kad je moj otac umro od upale pluća. Moj stariji brat Milan i moja majka su ostali u Vezišću, a mene su dali na školovanje u Zagreb.

- Oprostite mi moje neznanje, ali gdje je Vezišće?

- To je selo kod Ivanić-Grada, u Moslavini.

- Idete često tamo?

- Tu i tamo. Posjetim brata i njegovu familiju, naša majka je već odavno umrla.

- Imate sretno lice kad pričate o Vezišću.

Milka se nasmijala bez odgovora.

Student je zaključio:

- Znači, ni Vaš život nije tekao onako kako ste Vi htjeli.

- Ne, nije. Imala sam sreću.

Mladić se nakratko zamislio.

Gledao je tupo u žlicu u rukama.

Milka ga je promatrala bez riječi. Nije htjela prekinuti njegovo razmišljanje. Bilo je jasno da mladić traži način kako da sagleda sreću u svom životu. Imao je izraz djeteta koje pokušava riješiti težak zadatak.

Na kraju se na njegovom licu pojavio smiješak.

Odložio je žlicu i rekao:

- Interesantno da pričamo o roditeljima. Baš sam se danas sjetio da je sada, u nedjelju, godišnjica smrti moje mame.

Milka je rekla:

- Da budem iskrena: pitala sam Vas za vaše roditelje jer sam mislila da možda nemaju posla i da Vas zato ne mogu pomagati. Ja bih se u tom slučaju potrudila da dobiju neku pomoć. Ali to nije slučaj.

- Da, to nije slučaj ... Ja sam slučaj, gospođo Trnina. – nasmijao se mladić tužno.

- Vi niste slučaj, gospodine Horvat. – rekla je Milka blago. – Vi samo živite u teškom vremenu.

Student ju je gledao bez riječi.

Milka je nastavila:

- Upravo sam dobila pismo od gospodina Špišića. On je doktor u bolnici Crveni križ, radi kao ortoped ... Znate gdje je bolnica Crveni križ?

- Da, znam.

- Ja se mogu angažirati da tamo dobijete posao kao ispomoć. Bolnica je puna, a osoblja jako malo. Svaka pomoć je dobrodošla.

Mladić ju je pogledao smeteno:

- To ćete napraviti za mene?

- Da.

- ... Zašto?

- Tako ćete dobiti bar jedan obrok dnevno, moći ćete upoznati pojedince i razvijati dobre odnose s pojedincima.

Student je netremice pogledao Milku:

- Je li Vi to pokušavate da me preodgojite, gospođo Trnina?

Žena je odvratila pogled svojim jasnim očima:

- Da.

- Zašto to radite?

- Ne mogu dozvoliti da tako naivan i otvoren čovjek postane ciničan. Za to niste stvoreni, gospodine Horvat.

- Hm ... Vi me zaista impresionirate, gospođo Trnina.

Milka je kimnula glavom, ustala, otišla do vrata i otvorila ih je:

- Rega?

Na kuhinjskim vratima se pojavila služavka:

- Milostiva?

- Molim Vas, donesite mi papir za pismo.

- Odmah. – rekla je Rega.

Milka se okrenula gostu i rekla:

- Napisati ću doktoru Špišiću pisamce za Vas, jednostavnu preporuku ... U redu?

- Vrlo plemenito, moram reći.

- Samo ...

- Da?

- Molim Vas da ne prodate tu preporuku nekome drugome. Ona Vam danas puno više znači nego novci koje možete za nju dobiti.

Mladić je malo pocrvenio u licu, ali nije ništa rekao.

Milka je dodala:

- Osim toga napisat ću doktoru Špišiću vaš opis i vaše sposobnosti.

- Moj opis i moje sposobnosti?

- Da.

- Ja imam sposobnosti, gospođo Trnina?

- Naravno.

- Koje?

Milka se nasmijala:

- Posebno dobro znate pričati, gospodine Horvat.

Sad se i mladić nasmijao:

- Sad me zafrkavate, milostiva, kaj ne?

- Ne. Vi možete razveseliti ljude svojom pričom, a za oporavak je duh jednako važan kao i tijelo. To je nevidljivi lijek koji djeluje.

- Zaista tako mislite?

- Da.

- Hm ... Ne znam što da kažem.

- Ne trebate ništa reći.

- A šta ćemo s knjigom?

- Knjigu ćete odnijeti u fakultetsku biblioteku i tamo ćete je donirati.

- Donirati? Zašto donirati? Knjiga je vrlo skupa.

- Baš zato što je skupa. Poklonit ćete knjigu biblioteci jer je znanje vrijedno i znanje treba dalje širiti. Osim toga Vi ste dovoljno bogati da možete poklanjati drugima.

Sada se student počeo smijati:

- Dovoljno bogat? ... Hahahahaha ... To je dobar vic, milostiva ... Ja – bogat? ... Hahahahaha ...

- Tako je. Vi ste bogati.

- U čemu sam ja bogat? ... Hahahahaha ... Bogat? ... Hahahahaha ...

- U mogućnostima.

Student je zastao:

- U mogućnostima?

- Da, u mogućnostima. Niste na fronti i za to morate biti zahvalni. Za to da imate više mogućnosti da živite i preživite ovaj rat nego mladići na fronti.

Student je rekao:

- Hm ... To je istina. Nekako sam to izgubio iz vida.

Milka je rekla nakon kratkog:

- Razumijem. Čovjek to izgubi iz vida.

- Da,

- To je ljudski.

- Je? – upitao je mladić.

- Da. Lako se zaboravi da uvijek ima drugih kojima je teže nego nama.

- Da.

Milka ga je gledala kratko, a onda je rekla:

- Regu ste upoznali?

Mladić je pogledao Milku:

- Regu?

- Da, moju domaćicu.

- Da, naravno.

- Znate, Rega ima susjedu s kojom je jako dobra.

- Je li mislite na ... kako se zvala? ... Da, Rega je spomenula svoju susjedu. Zove se ... Koja ima muža Lojzeka, koji je poginuo u ratu?

- Da, tu susjedu. Zove se Slava.

- Da, da, Slava.

- Da, Slava ima troje djece i udovica je.

- Strašno ...

- Slava je jako boležljiva i dobiva samo ratnu penziju kao udovica. To je jako malo. Ali treba nekoga koji će napraviti štogod oko stana – posla u kući se uvijek nađe, njoj fali muška ruka. Ništa puno. Ali ne može nikoga platiti za to.

- Hoćete reći ...? – počeo je mladić zbunjeno.

Milka nije reagirala.

Mladić je pogledao Milku:

- Hoćete reći ... Znate šta, gospođo Trnina, ako bi gospođa Slava htjela, ja bih joj rado pomogao. Mislim, ja imam tu i tamo vremena, pa ako njoj nije krivo da dođe strani muškarac u kuću, nema problema. Ja sam u najboljim godinama, u punoj snazi, pa, molit ću lijepo, stojim udovici rado na raspolaganju.

Milka je pogledala mršavog muškarca s divljenjem i kimnula glavom:

- Vi ste pravi gospodin, gospodine Horvat. – rekla je.

Mladić ju je pogledao sa sjajem u očima i također kimnuo glavom.

Milka je dodala:

- Rega će Vam dati Slavinu adresu, pa ako biste mogli svratiti do nje tu i tamo, bilo bi to zaista plemenito.

- Naravno, gospođo Trnina. – rekao je mladić toplo.

- Hvala Vam. – rekla je Milka.

Mladić je kratko razmišljao, a onda se nasmijao:

- Nešto Vam se mora priznati, gospođo Trnina.

Milka ga je upitno pogledala.

- Vi ne odustajete tako lako od teških slučajeva.

Milka Trnina se sada nasmijala:

- Ah, Vi niste tako težak slučaj kako mislite.

Mladić se nasmijao, ali ovaj put njegove oči su bile mirne i pune života. Dignuo je čašu vina:

- To onda moram zaliti.

- Naravno, gospodine Horvat. U Vaše zdravlje!

POVIJESNE FIGURE I MJESTA U TEKSTU:

Milka Trnina, operna pjevačica (Vezišće, 19. prosinca 1863. – Zagreb, 18. svibnja 1941.)

Milka Trnina je rođena u Vezišću, selu udaljenom oko 50 kilometara istočno od Zagreba. Nakon smrti njezinog oca brigu o odgoju mlade Milke Trnine je preuzeo njezin ujak, hrvatski književnik Janko Jurković. On ju je dao u Zagrebu u privatnu školu Ide Wimberg Brkić gdje je učila pjevanje. Nadalje Milka je studirala na bečkom konzervatoriju i učila pjevanje kod Josepha Gänsebachera. Prvi nastup kao operna pjevačica je imala u Zagrebu, ali nadalje je nastupala u Leipzigu, pa zatim u Grazu i Bremenu. Bila je članicom državne opere u Münchenu, a nastupala je u Bayreuthu. Također je pjevala u londonskom Covent Gardenu, a onda u Metropolitanu u New Yorku. Ona je izuzetno dobro pjevala opere Richarda Wagnera, a isto tako je bila sjajna Tosca. Zbog zdravstvenih problema završava svoju karijeru 1906. godine. Vraća se u Zagreb 1913. godine, a 1923. postaje počasnom članicom Muzičke akademije gdje je voditeljica odjela solo pjevanja i članica ispitne komisije. Umire 1941. godine od upale pluća kao i njezin otac. Po Milki Trnini nazvan je jedan slap na Plitvičkim jezerima, a 1958. godine osnovana je Nagrada Milka Trnina.

Janko Jurković, književnik i novinar (Požega, 21. studenog 1825. – Zagreb 20. ožujka 1889.)

Janko Jurković je rođen u Požegi, studirao je bogoslovlje, a kasnije pravo u Zagrebu. Radi kratko u Zagrebu, potom u Beču, onda u Osijeku i ponovo u Zagrebu. U Zagrebu radi kao profesor. Piše dramska djela među kojima prevladavaju komedije, zatim novele, pjesme i feljtoni. Njegova poznata djela su novela „Pavao Čuturić", komedija „Tuskulanijada", „Čarobna bilježnica", „Što žena može", „Imenjaci", i dr., te drama „Posljednja noć" i tragedija „Smiljana".

Dimitrija Demeter, pjesnik, dramatičar, književnik i prevoditelj (Zagreb 21. srpnja 1811. – Zagreb 24. lipnja 1872.)

Dimitrija Demeter se rodio u Zagrebu gdje je završio gimnaziju. Studirao je filozofiju u Grazu, medicinu u Beču i u Padovi. Za vrijeme studija se bavio literaturom, a nakon povratka u Zagreb priključuje se Ilirskom pokretu – političkom pokretu između 1830. i 1845. koji je imao za cilj ujedinjenje svih Ilira, tj. svih južnih Slavena. Demeter je u Zagrebu prvo radio kao liječnik, a od 1841. godine bavi se samo literaturom. Demeter je jedan od osnivača Hrvatskog narodnog kazališta u kojem je zatim imao funkciju upravitelja i dramaturga. Petnaest godina nakon njegove smrti osnovana je Demetrova nagrada za dramu. Urednik je hrvatskog dijela pravnog rječnika „Juridisch-politische Terminologie für die slavischen Sprachen Oesterreichs". Bio je također urednik različitih hrvatskih književnih, političkih i pravnih časopisa i ima važnu ulogu u organiziranju kulturnog života u Zagrebu i u Hrvatskoj. Njegova najpoznatija djela su: libreto za operu „Ljubav i zloba“ i „Porin“ od Vatroslava Lisinskog, drame „Dramatička pokušenja“ I i II, poema „Grobničko polje“ te drama „Teuta“.

Gjuro Szabo, povjesničar i muzeolog (Novska, 3. veljače 1875. – Zagreb 2. svibnja 1943.)

Gjuro Szabo je završio osnovnu školu i gimnaziju u Zagrebu, a u Beču je studirao povijest i germanistiku. Radio je kao učitelj u Senju, Osijeku, Bjelovaru i Zagrebu. Na području konzervacije i restauracije spomenika usavršuje se u Budimpešti, Pragu, Beču i Nürnbergu. Poslije toga radi u gimnaziji u Zagrebu od 1907. do 1910. i od 1912. do 1020. Od 1911. obavlja različite funkcije u području muzeologije, a od 1928. do 1943. godine bio je ravnatelj Muzeja grada Zagreba. Objavio je brojne radove na području povijesti, umjetnosti i muzeologije.

August Harambašić, pisac i novinar, pjesnik, odvjetnik, političar i prevoditelj (Donji Miholjac, 14. srpnja 1861. – Zagreb 16. srpnja 1911.)

August Harambašić je pohađao gimnaziju u Požegi, a maturirao je u Osijeku. Studirao je pravo u Zagrebu i Beču, a diplomirao je u Zagrebu, gdje je također doktorirao te položio odvjetnički ispit. Pravo obavljanja odvjetničke prakse dobio je 1900. godine. Bio je urednik i novinar raznih političkih i književnih časopisa te dnevnih novina. Prevodio je književna djela s njemačkog, francuskog, talijanskog, ruskog, češkog, poljskog i bugarskog. Literarno je bio poznat po pripovijetkama i pjesmama.

Gostionica „Matejna"

Poznati lokal na Gornjem gradu u Zagrebu na uglu današnje Demeterove ulice (nekadašnja Pivarska ulica) i Basaričekove ulice. „Matejna" je dobila naziv po njegovom vlasniku Miji Matejni i bila je omiljeni lokal početkom 20. stoljeća. U njega su zalazili brojni umjetnici, književnici, političari i građani. Među poznate goste se broje: pjesnik Antun Gustav Matoš, pisac August Šenoa, pjesnik Tin Ujević i drugi. Gostionica je srušena 1936. godine i na tom mjestu je sagrađena tada najmodernija vila za bogatog trgovca Vladimirka Arka. Vila je kasnije preuređena od strane Ante Topić Mimare, kolekcionara umjetninama koji je svoje umjetnine poklonio Hrvatskoj.

Gostionica „Pod starim krovovima" je poznati lokal na Gornjem gradu u Zagrebu u Basaričekovoj ulici. Taj lokal je jedan od najstarijih lokala u Zagrebu jer je otvoren 1830. godine i Zagrepčani se njime jako ponose. U njemu su snimane scene iz hrvatskoga kultnog filma „Tko pjeva, zlo ne misli".

Tkalčićeva ulica je danas ulica poznata po lokalima i kafićima i omiljena je promenada iza Trga bana Jelačića (kolokvijalno zvana "Tkalča"), finalno uređena 2002. godine. Početkom 20. stoljeća Tkalčićeva ulica je bila "ulica crvenih svjetiljki" – ulica bordela koji su bili legalno otvarani i koji su bili rado posjećivani od oficira, bogatijih građana te dobrostojećih studenata.

VOKABELLISTE

Abkürzungen:
abw. – abwertend
Akk. – Akkusativ
D – Dativ
dem. – Deminutiv, Verkleinerungsform
dial. – Dialekt
f – Feminin
G – Genitiv
hist. – historisch
Inst. – Instrumental
L – Lokativ
m – Maskulin
N – Nominativ
n – Neutrum
pl. – Plural
reg. – regional
Sg. - Singular
Slang – Slang, Jargon
umgs. – umgangssprachlich
voll. – vollendeter Verbalaspekt
vulg. – vulgär

A

Adamova jabučica – Adamsapfel

anđeo čuvar – Schutzengel

armenijska crkva – armeniche Kirche

B

baciti, ja bacim (voll.) – werfen, wegwerfen, wegschmeißen; baciti pogled – einen Blick werfen

bajoneta – Bajonett

bastard (abw.) – Bastard

baviti se, ja se bavim – sich befassen, sich beschäftigen

besplatan, besplatna, besplatno (m/f/n) – unentgeltlich, gratis

bezglasna (f) – lautlos

bezobrazan, bezobrazna, bezobrazno (m/f/n) – frech

bilo pa prošlo (Phrase) – „was geschehen ist, ist geschehen"

bilježnica – Heft

bircuz (umgs., abw.) – Lokal

bivši (m) – ehemalig

blago – sanft

blagovaonica – Esszimmer

blizina – Nahe; u blizini – in der Nähe

blizu – nah

bližnji, bližnja (m/f) – der/die Nächste, Mitmensch

boem – Bohemien

Bog – Gott; Bog će im oprostiti – Gott soll ihnen vergeben

bog zna što – Gott weiß was

bogat, bogata, bogato (m/f/n) – reich

bogoslovlje = teologija – Theologie

boležljiva (f) – kränklich

bolnije – schmerzhafter

bolno – schmerzhaft

bolje rečeno – besser gesagt

bože moj! – mein Gott!

Bože! – Gott!

brbljavo – geschwätzig

briga – Sorge; preuzeti brigu – Fürsorge übernehmen

brinuti se, ja se brinem – sich sorgen; sich kümmern

brižan, brižna, brižno (m/f/n) – sorgsam

brojati se, ja se brojim – zählen

brojka – Zahl; Anzahl

brojni (m) – zahlreich

brujati, ja brujim – brausen, summen; bruji se o – Gerüchte verbreiten sich

bu → ne bu niš od toga (dial.) = neće biti ništa od toga – es wird nichts daraus werden

budala – Tor, Narr

budem → da budem iskrena – um ehrlich zu sein

buniti se, ja se bunim – protestieren, sich empören

Buš ga ti pojel? (dial.) = Budeš ga ti pojeo? = Hoćeš ga ti pojesti? – Willst du ihn (Kuchen) essen?

C

cifrati se, ja se cifram (umgs.) = nećkati se, ja se nećkam – sich überlegen, abwägen

cijeniti, ja cijenim – hoch schätzen

cilj – Ziel

Č

čak – sogar

čaroban, čarobna, čarobno (m/f/n) – bezaubernd

časopis – Zeitschrift

čast – Ehre; posebna mi je čast – es ist mir eine besondere Ehre

čega → nije joj ni do čega – ihr ist nicht zumute, sie hat auf nichts Lust

čekanje – Warten

čekati, ja čekam – warten

čeličiti se, ja se čeličim – sich stählen

češnjovka – Klobasse mit Knoblauch

čežnja – Sehnsucht

čim – sogleich

činovnici (pl.) – Beamten

činjenica – Tatsache

članica – Mitglied (weiblich); članica ispitne komisije – Mitglied der Prüfungskomission človek (dial.) = čovjek – Mensch

čudo – Wunder; nije čudo – kein Wunder

čuti, ja čujem – hören

čuvar → anđeo čuvar – Schutzengel

čvarci (pl.) – Grammeln

Ć

ćaknut (m) umgs. – verrückt

ćaskati, ja ćaskam – plaudern

D

da – ja; dass; Vama se ništa ne da sakriti – Ihnen bleibt nichts verborgen

dakle – also

dalje – weiter, weiterhin

današnji, današnja, današnje (m/f/n) – heutiger, heutige, heutiges

darovit (m) – begabt

dati nalog – einen Auftrag erteilen

dati, ja dam (oder: ja dajem) – geben; lassen; dati dijete na školovanje – ein Kind in Ausbildung geben, ein Kind ausbilden lassen

davno – vor langer Zeit; nekad davno – einst

deca (dial., umgs.) = djeca – Kinder

deda (umgs.) – Opa

delati, ja delam (dial., umgs.) = raditi, ja radim – arbeiten

dignuti, ja dignem (voll.) – heben

dijela (G) → N: dio (G: dijela) – Teil

dijeliti, ja dijelim – verteilen, teilen

dika (von dičiti se – stolz sein) – Stolz

dimljeni sir – geräucherter Käse

dio – Teil

disati, ja dišem – atmen

diviti se, ja se divim – bewundern

divljenje – Bewunderung

djelo – Werk

djetinjstvo – Kindheit

dlaka → nemati dlaku na jeziku – kein Blatt vor den Mund nehmen

dnevne novine – Tageszeitung

dnevno – täglich

dobit (umgs.) = dobiti – bekommen

dobivati, ja dobivam – bekommen

dobročiniteljka – Wohltäterin

dobrodošla (f) – willkommen

dobrostojeći (m) – wohlhabend

dobrotvorne svrhe – wohltätige Zwecke

dobrotvorni – wohltätig

dogovoriti se, ja se dogovorim (voll.) – eine Abmachung

treffen

dok – während

dok (umgs.) = sve dok – so lange bis

dokaz – Beweis

dolaziti, ja dolazim – kommen; dolaziti k sebi – zu sich selbst kommen, vernünftig werden

domaća hrana – Hausmannskost

domaćica – Haufrau; Gastgeberin

domov (dial.) = kod kuće – zu Hause

Donesite! – Bringen Sie!

donirati, ja doniram – donieren, spendieren

dopustiti, ja dopustim (voll.) – erlauben, zulassen

došel (dial.) = došao – gekommen

dosta – genug

dotaknuti, ja dotaknem (voll.) – rühren, tasten

doušnik – Spitzel; policijski doušnik – Polizeispitzel

dovršiti, ja dovršim (voll.) – zu Ende bringen

doživljavati, ja doživljavam – erleben

dozvoliti, ja dozvolim (voll.) – erlauben; ako mi dozvolite tako drsku poredbu – wenn Sie mir einen solchen frechen Vergleich erlauben würden

dragocjen, dragocjena, dragocjeno (m/f/n) – wertvoll

dramska djela (pl.) – Dramawerke, Dramen

drska (f) – frech

drugim riječima – mit anderen Worten

društvo – Gesellschaft

držati, ja držim – halten; držati salon – einen Salon organisieren

država – Staat

državna opera – Staatsoper

duh – Geist

duhovni (m) – geistig

duša – Seele; Bog da joj dušu prosti – Gott sei ihrer Seele gnädig

dužiti, ja dužim – in die Länge ziehen; da ne dužim – „lange Rede, kurzer Sinn"

dvor – Hof; bečki dvor – Wiener Hof

dvorana – Saal; plesna dvorana – Tanzsaal

Dvorska opera – Hofoper

Dž

džep – Tasche (Kleidung)

E

elokventna (f) – eloquent

F

faliti, ja falim (umgs.) – fehlen

feš (umgs.) = zgodan – fesch, hübsch

fin, fina, fino (m/f/n) – fein

frajlica (umgs.) – Fräulein, unverheiratete Frau

front = fronta – Front

furt (umgs.) = stalno – stets, andauernd

G

gablec (umgs.) – Jause,

gemišt (dial., umgs.) – Spritzer

glas – Stimme

glasan, glasna, glasno (m/f/n) – laut

glasina – Gerücht, Tratsch

glava – Kopf; glavom – mit dem Kopf

glupo – dumm

god → kad god je moguće – wann immer es möglich ist

godišnjica – Jubiläum

gol, gola, golo (m/f/n) – nackt

gori (m) – schlechter

gospodarica – Haushälterin, Hausdame

gospođica – Fräulein

gostionica – Gasthaus, Wirtshaus

govor – Sprache; način govora – Art der Sprache

grabiti, ja grabim – schöpfen

građan – Bürger

grah – Bohnen

graja – Lärm

grčkog porijekla – von griechischer Abstammung

Grk – Grieche

grozan, grozna, grozno (m/f/n) – schrecklich, entsetzlich

gubiti, ja gubim – verlieren

gutajući – schluckend

gutljaj – Schluck

H

hausmajstor (hist., umgs.) – Hausmeister

historija – Geschichte

historijski (m) – historisch

hitnost – Eile, Dringlichkeit

hiža (dial.) = kuća, dom – Haus

hodati, ja hodam – gehen, laufen, Schritte machen

hodnik – Vorzimmer

hrabro – mutig

Hrvatsko narodno kazalište (HNK) – Kroatisches Volkstheater

I

iako – obwohl

Iliri (pl.) – Illyrer

imati s nekim posla – mit jemandem zu tun haben

ime (I: s imenom) – Name

imenjaci (pl.) – Gleichnamige; N: imenjak – Gleichnamiger

inače – sonst

inkomodirati, ja inkomodiram – stören

ipak – jedoch

iskustvo – Erfahrung

ispit – Prüfung; odvjetnički ispit – Anwaltsprüfung

ispomoć – Aushilfe

ispraviti, ja ispravim (voll.) – korrigieren, berichtigen

ispričati, ja ispričam (voll.) – erzählen

istina – Wahrheit

istinit, istinita, istinito (m/f/n) – wahrheitsgemäß

istočno – östlich

iščupati, ja iščupam (voll.) – herausreißen

izaći, ja izađem (voll.) – raus kommen; sich ergeben

izazivati, ja izazivam – hervorrufen, bewirken

izbaciti, ja izbacim (voll.) – raus werfen

izbrbljati, ja izbrbljam (voll.) – ausplaudern

izdanje – Ausgabe

izgladnio (m) – verhungert

izgubiti, ja izgubim (voll.) – verlieren; izgubiti nešto iz vida – etwas aus den Augen verlieren

izlazak – Ausgang

izlupati, ja izlupam (voll., umgs.) – verprügeln

između – zwischen; unter

iznenađeno – überrascht

izraz – Ausdruck

izuzetan, izuzetna, izuzetno (m/f/n) – außergewöhnlich

izvaditi, ja izvadim (voll.) – raus nehmen, raus holen

izvinuti (se), ja (se) izvinem (umgs.) – sich entschuldigen

izvukli korist od – sie haben Nutzen gezogen von

J

jadnički (pl.) umgs. – die Armen

jak, jaka, jako (m/f/n) – stark

jasan, jasna, jasno (m/f/n) – klar

javiti se za riječ – sich zu Wort melden

jednako – gleich

jesti, ja jedem – essen

jus – Jus

južni Slaveni (pl.) – Südslawenen

K

k tome – dazu

k´o = kao – wie (vergleichend)

kaj (dial., umgs.) = šta – was; išta – etwas

kaj (dial.) = što – was; Kaj nisi mogel pričekati do sutra? – Hättest du nicht bis morgen warten können?

Kaj da Vam velim? (dial., umgs.) = Što da Vam kažem? – Was soll ich Ihnen sagen?

kaj ne (dial., umgs.) = zar ne – nicht wahr

kak (dial.) = kao – wie (vergleichend)

kak (umgs.) = kako – wie

kalkulirati, ja kalkuliram – kalkulieren

kao da – als ob

kao što znate – wie Sie wissen

kartaška igra – Kartenspiel

kasnije – später

katarza – Katharsis

kavana – Kaffeehaus

kazalište – Theater

kimnuti, ja kimnem – nicken

kiselo zelje (dial., umgs.) = kiseli kupus - Sauerkraut

klozet – WC, Klosett

knap (umgs.) – knapp

književnik – Schriftsteller

književno djelo – Literaturwerk

kočija – Kutsche

kočijaš – Kutscher

kočijaški turnir (hist.) = Kutscherturnier – Kartenturnier unter Kutschern komad – Stück

komadić = mali komad – Stückchen

konačno – endlich

kosidba – Heuernte

kost – Knochen; sama kost i koža – bis auf die Knochen abgemagert, dürre Gestalt

kožna torba – Tasche aus Leder

kraj – Ende

kraj – neben

kranjske (kobasice) – Kreiner Wurst

krava – Kuh

krivo – falsch; nije joj krivo – sie hat nichts dagegen

krpa – Fetzen; obrisati krpom – mit dem Lappen abwischen

kršćanska poduka – Christenlehre; dati kršćansku poduku - Christenlehre erteilen

kruna – Krone

krv – Blut

krvavi (m) – blutig

kujemo – wir schmieden; inf. kovati, ja kujem – schmieden; kovati budućnost – Zukunft schmieden

kultni film – Kultfilm

kupon – Coupon

kurva (vulg.) – Hure

L

lak, laka, lako (m/f/n) – leicht

lake frajle (pl. - dial., umgs., abw.) - leichte Frauen (Prostituierte)

lako – leicht

laskati, ja laskam (voll.) – Komplimente machen

latiti se, ja se latim – sich an etwas heranmachen

laž – Lüge

lažu – sie lügen; inf. lagati, ja lažem – lügen; ljudi lažu čim zinu (Phrase) – Menschen lügen wie gedrückt

leđa – Rücken

lep (m – dial., umgs.) = lijep – schön; lep kak slikica (dial.) = lijep kao slika – bildschön

ležati, ja ležim – liegen

lice – Gesicht; Antlitz

lijek – Arzneimittel

literat – Literat

loker (umgs.) – locker

luđaci (pl.) – Wahnsinnige

LJ

ljubav – Liebe; ljubav na prvi pogled – Liebe auf den ersten Blick

ljubavna veza – Liebesbeziehung

ljubazan, ljubazna, ljubazno (m/f/n) – nett, liebenswürdig
ljudski (m) – menschlich
ljutiti, ja ljutim – ärgern
ljutito – verärgert

M

magla – Nebel
majčinski – mütterlich
mamica (dial.) = mama – Mama
manire (pl.) – Manieren, gutes Benehmen
masa – Masse
masni (m) – fett; masni honorar (umgs.) – hohes Honorar
među – unter; zwischen
melem – Salbe
mijenjati se, ja se mijenjam – sich ändern
milina → bilo je milina (Phrase) – es war schön
milostiva – gnädige Frau
mir – Ruhe; imati mira – Ruhe haben, in Ruhe gelassen werden
mirno – ruhig
mišljenje – Meinung; biti mišljenja – der Meinung sein
mizerija – Misere
mladić – junger Mann
mogel (dial.) = mogao – gekonnt

mogući (m) – möglich

mogućnost – Möglichkeit

moliću lijepo = molit ću lijepo – bitte schön

mrla (dial.) = umrla (f) – gestorben

mršav, mršava, mršavo (m/f/n) – dünn, schlank, mager

muška pratnja – männliche Begleitung

muškarac – Mann

muški (umgs.) – Mann

muško ime – männlicher Name

muž (dial.) = muškarac – Mann

muži (pl.) dial. = muškarci – Männer

N

na primjer – zum Beispiel

način – Art und Weise

načitan, načitana, načitano (m/f/n) – belesen

nada – Hoffnung

nadalje – ferner

nađe – findet; inf. naći, ja nađem (voll.) – finden

naglo – plötzlich

nagovoriti, ja nagovorim (voll.) – überreden

nagrada – Preis

nagrađen, nagrađena, nagrađeno (m/f/n) – belohnt

naime – nämlich

naivan, naivna, naivno (m/f/n) – naiv

naivnost – Naivität

najmilija (f) – liebste

naknada – Entschädigung; Gebühr

naknadno – nachträglich

nakratko – kurz

naložiti, ja naložim (voll.) – auftragen

napraviti, ja napravim (voll.) – machen; anrichten

narod – Volk

nasjesti, ja nasjednem (voll.) – jemandem aufsitzen (auf jemaden hereinfallen)

nasmijana (f) – lachend

nasmiješiti se, ja se nasmiješim (voll.) – lächeln

nastaviti, ja nastavim (voll.) – fortsetzen

nastup – Auftritt

nastupati, ja nastupam – auftreten

naški (umgs.) = naš jezik – unsere Sprache; objasniti nešto po naški – etwas verständlich machen

navečer – am Abend

navodno – angeblich

nazad – zurück; rückwärts

naziv – Titel

nazvan (m) – benannt, genannt

nažalost – leider

nebo – Himmel

Neka uđe! – Er soll hineinkommen!

nemoguće – unmöglich

neodobravanje – Missbilligung

nestašica – Knappheit, Versorgungsengpass

netremice – unentwegt

nevidljiv (m) – unsichtbar

nezavisna – unabhängig

nezgodan, nezgodna, nezgodno (m/f/n) – unangenehm

neznanje – Unwissen

ni – auch nicht; nicht mal

ni (dial., umgs.) = nije

niti – niti = weder – noch

nitko – niemand

nivo – Niveau

no – aber; no da – aber ja

nobl – nobel

norca (Akk.) → N: norac (dial.) – Narr, Blödmann

nos – Nase; vući za nos (ja vučem za nos) – an der Nase herumziehen

nositi, ja nosim – tragen

novinar – Journalist

nož – Messer; nož s dvije oštrice – ein Messer mit zwei Klingen

NJ

njegovan (m) – gepflegt

nježno – zart, zärtlich

O

obavezno – unbedingt

obavljanje – Ausübung

obavljati, ja obavljam funkciju – Funktion ausüben

objasniti, ja objasnim (voll.) – erklären

objašnjavati, ja objašnjavam – erklären

objaviti, ja objavim (voll.) – veröffentlichen

oblik – Form

obožavatelj – Verehrer

obožavati, ja obožavam – verehren, vergöttern

obratiti se, ja se obratim (voll.) – sich wenden

obraz – Wange

obrazovan, obrazovana, obrazovano (m/f/n) – gebildet

obrisati, ja obrišem (voll.) – wegwischen

obrnuto – umgekehrt

obrok – Portion

obrušiti se, ja se obrušim (voll.) – sich (auf etwas) stürzen

obrva – Augenbraue

obzir → bez obzira na – ungeachtet dessen

očaran (m) – verzaubert

oči (pl.) – Augen

očigledno – offensichtlich

od strane – seitens

odavno – längst

odgajati, ja odgajam – groß ziehen

odgovor – Antwort

odgovornost – Verantwortung

odjeća – Gewand, Kleidung

odjednom – plötzlich

odlagati, ja odlažem – ablegen

odložiti, ja odložim (voll.) – ablegen

odlučivati, ja odlučujem – entscheiden, Entscheidung treffen

odluka – Entscheidung

odma (umgs.) = odmah – gleich, sofort

odmahnuti rukom – abwinken

odmjeriti od glave do pete – von Kopf bis Fuß mustern

odnesti (umgs.) – mitnehmen

odnijeti, ja odnesem (voll.) – bringen, mitbringen

odnos – Verhältnis, Beziehung

odrasti, ja odrastem (voll.) – wachsen

odrediti, ja odredim (voll.) – bestimmen

odrpan, odrpana, odrpano (m/f/n) – verlumpt

odrpanac – Lump

odustajati, ja odustajem – aufgeben

odvesti, ja odvedem (voll.) – bringen, wegbringen, abfahren

odvjetnička praksa – Anwaltspraxis

odvjetnik – Anwalt

ogovarati, ja ogovaram – tratschen, nachsagen

ogroman, ogromna, ogromno (m/f/n) – riesig

okolni (m) = iz okoline – aus der Umgebung

ometati, ja ometam – stören

onako – auf die Weise

opasan, opasna, opasno (m/f/n) – gefährlich

opis – Beschreibung

oporavak – Genesung

oporučno – testamentarisch

oprostiti, ja oprostim (voll.) – vergeben, verzeihen

opustiti se, ja se opustim – sich entspannen

opušten (m) – entspannt

oružje – Waffe

osnivač – Gründer

osnovan, osnovana, osnovano (m/f/n) – gegründet

osnovna škola – Grundschule

osobina – Eigenschaft

osoblje – Dienerschaft

osobno – persönlich

osramotiti, ja osramotim (voll.) – blamieren

ostati, ja ostanem (voll.) – überbleiben, übrigbleiben

ostaviti, ja ostavim (voll.) – lassen; bleiben

ostvariti, ja ostvarim (voll.) – verwirklichen

osuđeno – verurteilt

oštri (m) – scharf; imati oštri jezik – scharfzüngig sein

oštri, oštra, oštro (m/f/n) – scharf

oštrica – Klinge; nož s dvije oštrice – ein Messer mit zwei Klingen

otići, ja odem (voll.) – weggehen

otjerati, ja otjeram (voll.) – wegjagen

otkupiti, ja otkupim (voll.) – abkaufen

otpiti, ja otpijem (voll.) – nippen

otputovati, ja otputujem (voll.) – abreisen

otrcan, otrcana, otrcano (m/f/n) – abgenutzt

ovca – Schaf

ozbiljan, ozbiljna, ozbiljno (m/f/n) – ernst

ozbiljno – ernsthaft

P

pandur (umgs.) – Polizist

perce = malo pero – kleine Feder; lak kao perce (Phrase) – federleicht

petkom – freitags

pisac – Schriftsteller

pisamce = malo pismo – Briefchen, Nachricht

pitanje – Frage

pjesma – Gedicht; Lied

pjesnik – Dichter

pjevanje – Gesang

plac (umgs.) = trg – Platz

plaćati, ja plaćam – zahlen, bezahlen

pladanj – Tablett

plemenit, plemenita, plemenito (m/f/n) – edel

plemenito – edel

plesna dvorana – Tanzsaal

pobjeći, ja pobjegnem (voll.) – weggehen, fliehen, wegrennen

pobijediti, ja pobijedim (voll.) – siegen, gewinnen

pocrveniti, ja pocrvenim (voll.) – rot werden

počasan (m) – ehrenamtlich; počasna članica – Ehrenmitglied

počasni (m) – ehrenhaft

početak – Anfang

početi, ja počnem (voll.) – anfangen, beginnen

pod = ispod – unter

podići spomenik – Denkmal setzen

podignuo – erhoben; inf. podići, ja podignem (voll.) – erheben; podići prst – Finger heben

podjela – Verteilung

podređen (m) – unterordnet

područje – Gebiet; Bereich

podučavati, ja podučavam – unterrichten

poginuti, ja poginem (voll.) – gefallen, ums Leben kommen

pogled – Blick; baciti pogled – einen Blick werfen; ljubav na prvi pogled – Liebe auf den ersten Blick

pogledati, ja pogledam (voll.) – schauen, einen Blick werfen

pojava – Erscheinung

pojaviti se, ja se pojavim (voll.) – erscheinen

pojedinac – Einzelner

pokazati, ja pokažem – zeigen, hinweisen

poklanjati, ja poklanjam – schenken

pokloniti, ja poklonim (voll.) – schenken

pokrenuti se, ja se pokrenem (voll.) – bewegen, in Bewegung setzen

pokret – Bewegung

pokret – Bewegung; u pola pokreta – mitten in Bewegung

pokucati, ja pokucam (voll.) – klopfen, anklopfen

pokušavati, ja pokušavam – versuchen

pola pokreta → u pola pokreta – mitten in Bewegung

politizirati, ja politiziram – politisieren

poluosušeni (m) – halbtrocken

pomaže – hilft; inf. pomagati, ja pomažem – helfen

pomiriti se s, ja se pomirim s (voll.) – sich versöhnen mit

pomoć – Hilfe

pomoći, ja pomognem (voll.) – helfen

ponajmanje – am wenigsten

ponositi se, ja se ponosim – stolz sein

ponovo – wieder, erneut

ponuda – Angebot

ponudil (dial.) = ponudio – geboten

ponuditi se, ja se ponudim (voll.) – sich anbieten

ponuditi, ja ponudim (voll.) – anbieten

poredba – Vergleich

porijeklom – von Herkunft her

porod – Entbindung

poručati, ja poručam (dial., umgs.) voll. – essen zu Mittag

poruka – Nachricht

posebno – besonders

posjećivan (m) – besucht

posjet – Besuch

poslušno – gehorsam

Poslužite se! – Greifen Sie zu!

postojati, ja postojim – bestehen, existieren

pošto – (Konjunktion) hinsichtlich, da

potlačen (m) – unterdrückt

potom – danach

potomci (pl.) – Nachkommen; Sg. potomak

potpuno – völlig

potražiti, ja potražim (voll.) – aufsuchen

potreba – Bedürfnis

potruditi se, ja se potrudim (voll.) – sich bemühen

povezivati, ja povezujem – in Verbindung bringen

povjesničar – Historiker

povijest – Geschichte

povjesničar – Historiolog

povod – Anlass

povratak – Rückkehr

povučen, povučena, povučeno (m/f/n) – zurückgezogen

poznanstvo – Bekanntschaft

poznat, poznata, poznato (m/f/n) – berühmt, bekannt

poznavati, ja poznajem – kennen

pozornica – Bühne

pozvati, ja pozovem (voll.) – einladen; anrufen; rufen; holen

prasnuti u smijeh – ins Lachen ausbrechen

pratnja – Begleitung

pravni rječnik – juristisches Wörterbuch

pravo – Recht

pravo – Recht; imati pravo – recht haben

pravo – richtig

prebolan (m) – zu schmerzhaft

pred = ispred – vor

predsoblje – Vorzimmer

predvodnik – Anführer

preiskren – zu ehrlich

prekidati, ja prekidam – unterbrechen

prekinuti, ja prekinem (voll.) – unterbrechen

premali (m) – zu klein

premalo – zu wenig

preodgojiti, ja preodgojim (voll.) – umerziehen

preporučiti, ja preporučim (voll.) – empfehlen

preporuka – Empfehlung

preraditi, ja preradim (voll.) – überarbeiten, bearbeiten

prestajati, ja prestajem – aufhören

pretpostavljati, ja pretpostavljam – vermuten

preuređen (m) – umgebaut, renoviert

preuzeti, ja preuzmem (voll.) – übernehmen

prevarant – Betrüger

prevaren (m) – betrogen

preveć (dial.) = previše – zu viel; biti preveć lep (dial.) – sehr hübsch sein

prevladavati, ja prevladavam – vorherschen

prevoditelj – Übersetzer

prevoditi, ja prevodim – übersetzen

prezivati se, ja se prezivam – sich beim Familiennamen nennen

preživjeti, ja preživim (voll.) – überleben

pri tom – dabei

priča – Geschichte

pričanje – Reden; talent za pričanje – redegewandt

pričekati, ja pričekam (voll.) – warten, abwarten

prijateljstvo – Freundschaft

prijazni (m) – nett, liebenswürdig

priključivati se, ja se priključujem – sich anschließen

prilično – ziemlich

primijetiti, ja primijetim (voll.) – bemerken

primiti, ja primim (voll.) – empfangen

primjer – Beispiel; na primjer – zum Beispiel

pripovedati, ja pripovedam (dial.) = pričati, ja pričam – reden, sprechen

pripovijetka – Novelle oder Kurzgeschichte

prirediti, ja priredim (voll.) – vorbereiten; zubereiten

priroda – Natur; ljudska priroda – menschliche Natur

pristojno – kultiviert

prisutan, prisutna, prisutno (m/f/n) – anwesend

privlačiti, ja privlačim – anziehen

priznati, ja priznam (voll.) – zugeben

prodati, ja prodem (voll.) – verkaufen

prođe – vorbeigeht; inf. proći, ja prođem (voll.) – vorbeigehen

progutati, ja progutam (voll.) – schlucken

proklet (m) – verdammt

prolistati, ja prolistam (voll.) – durchblättern

promatrati, ja promatram (voll.) – beobachten

promijeniti, ja promijenim (voll.) – ändern, verändern

promjena – Änderung

propast – Untergang, Niederlage

propasti, ja propadnem (voll.) – untergehen

prosjak – Bettler

proslijediti, ja proslijedim (voll.) – weiterleiten

prosti → Bog da joj dušu prosti – möge Gott ihrer Seele gnädig sein

prostorija – Raum

protiv – gegen

provesti, ja provedem (voll.) – verbringen

prut – Rute; tanak kao prut – dünn wie eine Rute

pružiti, ja pružim (voll.) – strecken

psina – Bosheit, Streich

puca (dial.) = djevojka – junge Frau

pučka škola – Volksschule (4 Jahre)

pustiti, ja pustim (voll.) – lassen; entlassen

put – Weg

R

računati, ja računam – rechnen

rad (pl. radovi) – Werk

radnička revolucija – Arbeiterrevolution

rado – gern

rame – Schulter; nositi nešto preko ramena – etwas über

die Schulter tragen

rana – Wunde

raritet – Rarität

raširiti se, ja se raširim (voll.) – sich ausbreiten

raskomadan (m) – zerstückelt

raspitati se, ja se raspitam (voll.) – sich erkundigen

rasuti, ja raspem (voll.) – verstreuen

rat (pl. ratovi) – Krieg

ratna godina – Kriegsjahr

ratna penzija – Kriegspension

razderati, ja razderem (voll.) – zerreißen

razlika – Unterschied; za razliku – im Unterschied

razmem (dial., umgs.) = razumijem – ich verstehe

razmišljanje – Nachdenken

razmišljati, ja razmišljam – denken, nachdenken

razni, razna, razno (m/f/n) – verschieden, unterschiedlich

razočarenje – Enttäuschung

razumljivo – verständlich

razveseliti, ja razveselim (voll.) – aufmuntern, aufheitern

razvijati, ja razvijam – entwickeln

rečenica – Satz (im Text)

rečeno – gesagt

Recite! – Sagen Sie!

red – Ordnung; nije red – es gehört sich nicht

reda mora biti – Ordnung muss sein

rekel (dial.) = rekao – gesagt

riječ – Wort; bez riječi – wortlos

rijedak, rijetka, rijetko (m/f/n) – rar

riješiti, ja riješim (voll.) – lösen

rođakinja – Verwandte

ručati, ja ručam – essen zu Mittag

rugati se, ja se rugam – verspötten, sich über j-n. lustig machen

ruka – Arm; Hand

S

sagledati, ja sagledam (voll.) – einsehen, sich etwas bewusst werden

sagrađen (m) – gebaut

sakriti, ja sakrijem (voll.) – verbergen

sam, sama, samo (m/f/n) – allein; selbst

sastanak – Treffen, Zusammenkommen

sat vremena – eine Stunde

saznati, ja saznam (voll.) – erfahren, in Erfahrung bringen

seosko dijete – Dorfkind

sestrična – Cousine

sići s uma – verrückt werden, Verstand verlieren

sila – Macht

siromašan, siromašna, siromašno (m/f/n) – arm

sit, sita, sito (m/f/n) – satt

sjaj – Schimmer, Glanz

sjajan, sjajna, sjajno (m/f/n) – glänzend

Sjednite (se)! – Setzen Sie sich!

sjesti (se), ja (se) sjednem – sich setzen, sich hinsetzen

sjeta – Schwermut

skinuti se, ja se skinem (voll.) – sich ausziehen

skinuti, ja skinem (kapu) – absetzen

sklopiti prijateljstvo – eine Freundschaft schließen

skoro – fast

skrenuti, ja skrenem (voll.) – umsteuern

skupljati, ja skupljam – sammeln

slap (pl. slapovi) – Wasserfall

slavonski – slawonisch

slijediti, ja slijedim – folgen, befolgen

slina – Speichel

Slobodno recite. – Sagen Sie direkt.

slučaj (pl. slučajevi) – Fall; u svakom slučaju – in jedem Fall; u tom slučaju – in dem Fall

sluh – Gehör

slušati, ja slušam – zuhören

služavka – Dienstmädchen

smanjiti, ja smanjim (voll.) – kleiner machen

smeće – Mist

smetati, ja smetam – stören

smeteno – verwirrt

smijeh – Lachen

smijući se – lachend

smiriti se, ja se smirim – sich beruhigen

smrt – Tod

smrtnik – Sterbender

smrtonosan (m) – tödlich; smrtonosniji – tödlicher

snazi → N: snaga – Kraft; biti u punoj snazi – voller Kraft sein

snimati, ja snimam – filmen, aufnehmen

spasonosno (n) – rettendes

spomenik – Denkmal; podići spomenik – Denkmal setzen

spomenuti, ja spomenem (voll.) – erwähnen

sposobnost – Fähigkeit

spremno – bereit

sprijateljen (m) – befreundet

spustiti, ja spustim (voll.) – senken, sinken

srce – Herz

sreća – Glück

sredinom – in der Mitte

sretno – glücklich

srušen, srušena, srušeno (m/f/n) – abgerissen

stajati, ja stojim – stehen

stanka – Pause

stanodavka – Vermieterin

stanje – Stand; ne biti u stanju – nicht imstande sein

stari (ljudi) – alte Menschen

starog (Matejne) – des Alten (Matejna)

staviti, ja stavim (voll.) – geben, legen

stojim na raspolaganju – ich stehe zur Verfügung

stoljeće – Jahrhundert

stran, strana, strano (m/f/n) – fremd

strast – Leidenschaft

strašno – schrecklich

stražar – Wachmann

strina – Tante (Frau vom Onkel väterlicherseits)

stvarno – wirklich

stvoren, stvorena, stvoreno (m/f/n) – geschaffen

sugrađani – Mitbürger

suprotno – umgekehrt

suseda (dial., umgs.) = susjeda – Nachbarin

svakako – natürlich, allerdings

svako (umgs.) = svatko – jeder, jedermann

svako malo – immer wieder, gelegentlich

svatko – jedermann; jeder

sve dok – solange

svejedno – egal, es ist unwichtig

sviđati se, ja se sviđam – gefallen

svijet – Welt

svjetiljka – Lampe; ulica crvenih svjetiljki – Rotlichtviertel svjetska žena – Frau von Welt

svratiti, ja svratim (voll.) – vorbeikommen

Š

šala – Scherz

šalje – schickt; inf. slati, ja šaljem – schicken

šaptati, ja šapćem – zuflüstern

šepati, ja šepam – hinken

šikerija (umgs.) – Schickeria

širiti, ja širim – verbreiten

šivaća mašina – Nähmaschine

školovanje – Ausbildung

školovati se, ja se školujem – sich ausbilden

šnaps (dial., umgs.) – Schnaps

šnapsl – ein Kartenspiel

špendirati, ja špendiram (umgs.) – spendieren, bewirten

šta pametnog – etwas Gescheites

šteta – Schaden

štogod – etwas, irgendwas

štorija (umgs.) – Geschichte, Story

štovati, ja štujem = poštivati, ja poštujem – respektieren, ehren

študent (umgs.) = student – Student

Šutite! – Schweigen Sie!

švapska (čokolada) (umgs.) – deutsche (Schokolade)

T

tada – damals

tak (dial.) = tako – so

tanak, tanka, tanko (m/f/n) – dünn

tanjur – Teller

tanjurić = mali tanjur – Dessertteller; Tassenteller

tat → kao tat uhvaćen na djelu (Phrase) – wie ein Dieb auf frischer Tat ertappt

tatek (dial.) = tata – Vater

tek – erst; tek onda – erst dann

tekao – geflossen; inf. teći, ja tečem – fließen; PPA: tekao, tekla, teklo

tetica (dial.) = teta – Tante

tiče → što se tiče – hinsichtlich, betreffend

tih, tiha, tiho (m/f/n) – leise

tingl-tangl – Wirtshaus für Bohemiene

tip – Typ

tišina – Stille

tiskan, tiskana, tiskano (m/f/n) – gedruckt

tiskara – Druckerei

tiskati, ja tiskam – drucken

tjelesan (m) – körperlich

trbuh – Magen

trbuščić = mali trbuh – kleiner Magen

trenutak – Moment, Augenblick

trgovac – Händler

trošak – Aufwand, Kosten

trošan, trošna, trošno (m/f/n) – abgenutzt

tu i tamo – ab und zu

tuča – Schlägerei

tučnjava – Schlägerei

tuga – Trauer

tukli – geschlagen; inf. tući se, ja se tučem – sich schlagen, sich zusammenschlagen; PPA: tukao, tukla, tuklo

tupo – stumpf

tužno – traurig

tvrditi, ja tvrdim – behaupten

U

ubaciti se u (Akk.), ja se ubacim u – sich einmischen in

ubijanje – Töten, Tötung

ubiti, ja ubijem (voll.) – töten, umbringen

ubrus = salveta – Serviette

učiniti, ja učinim (voll.) – machen, tun; što mogu učiniti za Vas? – was kann ich für Sie tun?

udaljen (m) – entfernt

udomaćiti, ja udomaćim (umgs.) – beheimaten, häuslich machen
udovica – Witwe
uglu (L) → N: ugao – Ecke
ujak – Onkel mütterlicherseits
ujediniti se, ja se ujedinim (voll.) – sich vereinen
ujedinjenje – Vereinigung
ukusno – schmackhaft, lecker
ulični cucak (dial., abw.) = ulični pas – Straßenköter
uloga – Rolle
umjetnik – Künstler
umjetnina – Kunstgegenstand
umjetnost – Kunst
umrijeti, ja umrem (voll.) – sterben
umro, umrla, umrlo (m/f/n) – gestorben
unija – Union
uništavajući (m) – vernichtend
unutra – hinein; drinnen
uozbiljiti se, ja se uozbiljim (voll.) – ernst werden
upala pluća – Lungenentzündung
upitati, ja upitam (voll.) – fragen
upitno – fraglich
uplatiti, ja uplatim (voll.) – einzahlen
uporan, uporna, uporno (m/f/n) – standhaft, hartnäckig
upoznati, ja upoznam (voll.) – kennenlernen

upravitelj – Direktor

upravo – gerade, ausgerechnet

urediti, ja uredim (voll.) – einrichten

uređivati, ja uređujem – einrichten; uređivati časopis – eine Zeitschrift editieren

urednik – Editor

usavršiti se, ja se usavršim (voll.) – sich spezialisieren

usluga – Leistung, Gefallen

uslužno – gefällig

usne – Lippen

uspomena – Andenken

usput – auch; unterwegs

usta – Mund

ustati, ja ustanem – aufstehen

usuđivati se, ja se usuđujem – sich wagen

utroba (abw.) – Mutterleib, Schoß

uvek (dial., umgs.) = uvijek – immer

uvjerljiv (m) - überzeugend

uvrijediti, ja uvrijedim (voll.) – kränken, beledigen

uzvratiti, ja uzvratim (voll.) – erwidern

V

vanbračno (n) – außereheliches

varati, ja varam – betrügen

važan, važna, važno (m/f/n) – wichtig

važiti, ja važim – gelten

važno – wichtig

veče – Abend

večerica (umgs.) – Abendessen

vedro nebo – heiterer Himmel

veza – Bindung, Verbindung; ljubavna veza – Liebesbeziehung

vic (pl. vicevi) – Witz

vid – Sehkraft; izgubiti nešto iz vida – etwas aus den Augen verlieren

videle (dial., umgs.) = vidjele – gesehen

vika – Geschrei

viknuti, ja viknem (voll.) – schreien

vječno – ewig

vjerovati, ja vjerujem – glauben; denken; meinen

vlasnik – Besitzer

voditeljica – Leiterin

vojnik – Soldat

vraćati se, ja se vraćam – zurückkehren

vrag – Teufel

Vrapče (umgs.) – psychiatrische Klinik

vratiti se, ja se vratim (voll.) – zurückkehren

vreća – Sack; vreća krumpira – Kartoffelsack

vrijedi cijelo bogatstvo – es ist ein Vermögen wert

vrijedno – wertvoll
vrijednost – Wert
vrsta – Art, Gattung

Z

zabiti, ja zabijem (voll.) – stoßen, hineinstoßen, einrammen
zaboraviti, ja zaboravim (voll.) – vergesen
zabraniti, ja zabranim (voll.) – verbieten
začuđeno – verwundert
zadatak – Aufgabe
zadnji čas – letzter Moment
zadovoljan (m) – zufrieden
zafrkavati, ja zafrkavam (umgs.) – scherzen
Zagorje – Gebiet im Norden Kroatiens
zagrcnuti se, ja se zagrcnem (voll.) – sich verschlucken
zahtijevati, ja zahtijevam – verlangen
zahvalan, zahvalna, zahvalno (m/f/n) – dankbar
zakaj (dial., umgs.) = zašto – warum
zaključiti, ja zaključim (voll.) – zum Schluss kommen
zakon – Gesetz
zakratko – nach kurzem
zalaziti, ja zalazim u gostionicu – ein Lokal öfter besuchen, Stammgast in einem Lokal sein, ins Lokal einkehren
zaliti, ja zalijem (voll.) – begießen

zalogaj – Biss

zamalo – beinahe, fast

Zamislite! – Stellen Sie sich vor!

zamisliti, ja zamislim (voll.) – sich vorstellen

zamoliti, ja zamolim (voll.) – bitten, ersuchen

započeti, ja započnem (voll.) – anfangen

zapravo – eigentlich

zarađivati, ja zarađujem – verdienen

zasad – zurzeit, im Moment, augenblicklich

zasigurno – sicher, für sicher

zastati, ja zastanem (voll.) – innehalten

zavist – Neid

završiti, ja završim (voll.) – enden, beenden

zbunjeno – verwirrt

zdrav, zdrava, zdravo (m/f/n) – gesund

zdravlje – Gesundheit; U vaše zdravlje! – Zu Ihrem Wohl!

zdravstveni problemi (pl.) – gesundheitliche Probleme

zelje (dial., umgs.) = kupus – Kraut; kiselo zelje (dial., umgs.) – Sauerkraut

Zemi! (dial.) = Uzmi! – Nimm es!; Greif zu!

zemlja – Boden, Grund

zemlja – Land

zemljica = mala zemlja – ein kleines Land

zet – Schwiegersohn

zgodno – nett, hübsch

zinu → ljudi lažu čim zinu (Phrase) – Menschen lügen wie gedrückt

zlato – Gold

zlevanka – einfacher Kuchen aus Maisgries und Käse

zlo – Böse; „Tko pjeva, zlo ne misli" - "Wer singt, ahnt nichts Böses"

zloba – Arglist

zmija – Schlange

znanje – Wissen

znati, ja znam – wissen; können; kennen

zrela žena – eine reife Frau

zvanje → biti po zvanju – von Beruf sein

zvuk – Geräusch

Ž

ženska (dial., umgs.) = žena – Frau

ženski oblik – weibliche Form

životinja – Tier

žrtva – Opfer

župnik – Pfarrer

MINI-ROMANE

Sprachniveau 0: Leichter Anfang – Vokabelumfang bis 400 Wörter (A1 Anfänger)

A. Bilić: Meine Fernbeziehung / Moja daleka ljubav
Taschenbuch, E-Book, Hörbuch, interaktives E-Book mit Hörtexten

A. Bilić: Die silberne Lampe / Srebrna lampa
Taschenbuch, E-Book, Hörbuch, interaktives E-Book mit Hörtexten

A. Bilić: Die steinerne Vase / Kamena vaza
Taschenbuch, E-Book, Hörbuch, interaktives E-Book mit Hörtexten

Sprachniveau 1: Beginner – Vokabelumfang bis 800 Wörter (A1 – A2)

A. Bilić: Die außergewöhnliche Herausforderung / Izuzetni izazov
Taschenbuch, E-Book, Hörbuch, interaktives E-Book mit Hörtexten

A. Bilić: Die kleine große Entscheidung / Mala velika odluka
Taschenbuch, E-Book

A. Bilić: Eine definitive Sache / Definitivna stvar
Taschenbuch, E-Book

Sprachniveau 2: Fortgeschrittene – Vokabelumfang bis 1200 Wörter (A2)

A. Bilić: Neben mir / Kraj mene
Taschenbuch, E-Book, Hörbuch, interaktives E-Book mit Hörtexten

A. Bilić: Der Unbekannte / Neznanac
Taschenbuch, E-Book

Sprachniveau 3: Erfahrene – Vokabelumfang bis 1700 Wörter (B1)

A. Bilić: Ein Sommerurlaub in Istrien / Ljetovanje u Istri
Taschenbuch, E-Book, Hörbuch, interaktives E-Book mit Hörtexten

A. Bilić: Die Freundinnen / Prijateljice
Taschenbuch, E-Book

A. Bilić: Die Abreise / Odlazak
Taschenbuch, E-Book

Sprachniveau 4: Perfektion – Vokabelumfang bis 2200 Wörter (B2)

A. Bilić: Mein Name ist Monika – 1. Teil / Moje ime je Monika – 1. dio
Taschenbuch, E-Book

A. Bilić: Mein Name ist Monika – 2. Teil / Moje ime je Monika – 2. dio
Taschenbuch, E-Book

A. Bilić: Mein Name ist Monika – 3. Teil / Moje ime je Monika – 3. dio
Taschenbuch, E-Book

Sprachniveau 5: Perfektion Plus – Vokabelumfang bis 2800 Wörter (C1)

A. Bilić: Die Begegnung / Susret
Taschenbuch, E-Book

A. Bilić: Die Verabredung / Sastanak
Taschenbuch, E-Book

Sprachniveau 6: Erstsprache – Vokabelumfang bis 3500 Wörter (C2)

A. Bilić: Der Besuch / Posjet
Taschenbuch, E-Book

A. Bilić: Ein interessantes Motiv / Interesantan motiv
Taschenbuch, E-Book

Standardliteratur ohne Vokabelteil

A. Bilić: Ulica snova – fantastične priče
Taschenbuch, E-Book

A. Bilić: O jasnoći i drugim zabludama - pjesme
Taschenbuch, E-Book

Snježana (Ana) Bilić: Život s voluharicama
Taschenbuch, E-Book

Snježana (Ana) Bilić: Knjiga o Takama
Taschenbuch, E-Book

Besu[illegible]Sie uns auch im Internet unter

w[illegible]atisch-leicht.com

und erfahren Sie mehr ü[illegible]eiteres Lern- und Lesematerial. Es werden laufend neue Büc[illegible]nd digitale Medien veröffentlicht